藏書

珍藏版

鬼谷子

于立文 主編

肆

遼海出版社

目　录

一〇、沙丘之变…………………………（1）
一一、蔺相如避见廉颇…………………（7）
一二、苏代见相国公仲…………………（8）
一三、朱勃论马援………………………（9）
一四、废除昌邑王………………………（13）
一五、刘裕猜忌王镇恶…………………（18）
一六、伺机上奏的李昭德………………（21）
一七、河中两只石兽……………………（23）
一八、李伯渊杀崔立……………………（24）
一九、多尔衮承诺吴三桂………………（27）
二〇、不胫而走…………………………（30）

二一、不近人情 …………………………（30）

二二、不可胜数 …………………………（32）

二三、不伦不类 …………………………（33）

二四、不死之药 …………………………（34）

抵巇第三 ……………………………………（36）

一、夏桀灭亡 …………………………（38）

二、芒卯领魏秦 ………………………（43）

三、周昭王驾崩 ………………………（44）

四、马首是瞻 …………………………（49）

五、下车伊始 …………………………（50）

六、猫祝鼠寿 …………………………（51）

七、明目张胆 …………………………（52）

八、莫须有 ……………………………（53）

九、闭门种菜 …………………………（54）

一○、持重待机 …………………………（55）

一一、洞见症结 …………………………（56）

一二、提拔赵括 …………………………（57）

一三、崔杼弑君 …………………………（60）

一四、韩王轻信谋臣 ……………………（64）

一五、善于观察的李庆 …………………（66）

目 录

　一六、不懂战争的宋襄公 …………………（68）

　一七、宫之奇谏假道 ………………………（70）

　一八、不知所终 ……………………………（72）

　一九、藏舟藏山 ……………………………（74）

　二〇、曹商得车 ……………………………（75）

　二一、草书大王 ……………………………（76）

　二二、差强人意 ……………………………（76）

　二三、宇文述判谋反 ………………………（77）

　二四、孟尝君养士 …………………………（81）

　二五、李渊谦卑示敌 ………………………（85）

　二六、避实就虚的徐达 ……………………（87）

　二七、遭陷害的李善长 ……………………（90）

抵巇第四 …………………………………………（96）

　一、不贪宝玉的子罕 ………………………（97）

　二、颜率游说齐宣王 ………………………（100）

　三、师旷制止亡国音 ………………………（102）

　四、勾践卧薪尝胆 …………………………（106）

　五、长袖善舞 ………………………………（113）

　六、成败萧何 ………………………………（116）

　七、齿亡舌存 ………………………………（117）

八、宠辱不惊……………………（118）
九、处之泰然……………………（119）
一〇、楚王夫人郑袖进谗…………（120）
一一、李斯劝解逐客令……………（121）
一二、筑城求安逸…………………（123）
一三、溺井之狗……………………（124）
一四、牛鬼蛇神……………………（125）
一五、怀璧其罪……………………（126）
一六、欺世盗名……………………（127）
一七、大谬不然……………………（128）
一八、大巧若拙……………………（129）
一九、老将军邓芝…………………（130）
二〇、韩信千虑一得………………（131）
二一、龚遂治齐……………………（133）
二二、赵充国击西羌………………（136）
二三、忍辱负重的陆逊……………（141）
二四、贾谊厝火积薪………………（142）
二五、一身抱负的班昭……………（144）
二六、百折不挠的乔玄……………（147）
二七、霍去病战匈奴………………（149）

二八、荆湖军将李处耘……………………（150）

二九、贤臣范仲淹……………………（152）

三〇、虚堂悬镜……………………（156）

三一、亚相迁钟……………………（157）

三二、齐寇将至……………………（159）

三四、巧取豪夺……………………（160）

三五、大庭广众……………………（161）

三六、大冶铸金……………………（162）

三七、字盗与殴……………………（164）

三八、道不拾遗……………………（164）

第五章 飞 箝

飞箝第一……………………（169）

一、周武王作战……………………（174）

二、以羊易牛……………………（175）

三、一国三公……………………（176）

四、禽兽不如……………………（177）

五、穷斯滥矣……………………（178）

六、道见桑妇……………………（179）

七、得过且过……………………（180）

5

八、以人为鉴……………………（182）

九、劝虎行善……………………（184）

一〇、雀儿肠肚……………………（184）

一一、斗鸡走狗……………………（185）

一二、斗粟尺布……………………（187）

一三、咄咄怪事……………………（188）

一四、发蒙振落……………………（189）

一五、后发制人……………………（190）

一六、患鼠乞猫……………………（191）

一七、孙子练兵……………………（192）

一八、曹刿论战……………………（196）

一九、冯异大败赤眉军……………（197）

二〇、田穰苴的谋略………………（199）

二一、吴起养兵……………………（202）

二二、合纵抗秦之计………………（204）

二三、陆逊应变策略………………（206）

二四、岳飞战兀术…………………（207）

二五、郭子仪大退回纥兵…………（211）

二六、郭子仪收复洛阳……………（215）

二七、李存勖攻取濮阳……………（216）

二八、杨行密施计平叛乱……………………(219)

二九、狗岂认识"御赐"二字…………………(221)

三〇、县官欲擒故纵……………………………(224)

三一、曾国藩请将………………………………(226)

三二、孔镛诚信平叛乱…………………………(228)

第六章 忤合

忤合第一……………………………………………(235)

一、殷鉴不远………………………………………(238)

二、与民偕乐………………………………………(239)

三、人面兽心………………………………………(240)

四、直上青云………………………………………(242)

五、丧心病狂………………………………………(243)

六、狡狐捕雉………………………………………(245)

七、借箸代筹………………………………………(246)

八、狙公分栗………………………………………(247)

九、武安君计议降兵………………………………(248)

一〇、抵抗秦国的计谋……………………………(251)

一一、曹操兵败黄盖………………………………(256)

一二、邓艾灭蜀……………………………………(259)

一三、好谋无决……………………………（260）

一四、缓兵之计……………………………（262）

一五、尉遏迥妙算萧纪……………………（263）

一六、节度使乘虚直入……………………（266）

一七、李援与王诜谋反……………………（267）

一八、李世民勇胜宋金刚…………………（269）

一九、李世民大败薛家军…………………（271）

二〇、秦桧陷害岳飞………………………（272）

第四章 抵巇

一〇、沙丘之变

在秦始皇统一中国以后，李斯由廷尉升为丞相，官职越来越高，权势越来越重，名声也越来越大。在统一战争和巩固中央集权制的过程中，李斯是秦始皇的左右手，他提出了许多建设性意见，做了大量的工作，就连秦始皇东巡郡县，也多由李斯随行，记载秦始皇历史功绩的不少刻石的文辞，也是由李斯执笔的。这一方面说明，当时李斯是坚决执行秦始皇的法家路线的；另一方面也说明，秦始皇对李斯是十分信任和重用的。李斯的儿子都娶了秦始皇的公主为妻，女儿也都嫁给秦公子，李斯真是"富贵极矣"。

秦始皇死后，以赵高为代表的旧贵族便蠢蠢欲动。地主阶级中央集权面临着一场严重的威胁。赵高原是赵国的旧贵族，他对秦始皇灭掉赵国怀恨在心，发誓要报仇，伺机复辟。秦始皇死时，赵高正做中车府令，同时兼管皇帝的玉玺印信。他故意扣留了秦始皇给扶苏的诏书，准备立胡亥当皇帝。胡亥是秦始皇的第十八个儿子，赵高曾当过胡亥的法律教师，胡亥也把赵高视为心

腹。赵高立胡亥，实际上是要立一个年幼无知的傀儡，自己好篡夺最高权力，为所欲为。

为了让胡亥上台，赵高就去劝诱李斯。他首先编造谎言，对李斯说："诏书和玉玺都在胡亥手里，确定谁当太子都在你我一张嘴。"李斯表示拒绝，骂赵高说的是"亡国之言"。接着赵高就挑拨李斯同蒙恬的关系，威胁李斯，说李斯处处不如蒙恬，如果立了扶苏，扶苏就一定让蒙恬当丞相。到那时，扶苏是不会让你带着封爵告老还乡的。随后，赵高又抓住李斯的弱点，用高官厚禄引诱李斯。赵高对李斯说："如果你照我的话办，立胡亥为太子，就会永远封侯。否则就要祸及子孙，令人寒心！希望你早拿主意，转祸为福。"

赵高软硬兼施，威逼利诱，说得李斯一把鼻涕一把泪地"仰天长叹"。李斯本来就贪恋"富贵极矣"的社会地位，总想保全已经到手的既得利益，所以面对着赵高的威胁，一再妥协退让，终于听信了赵高。对赵高的复辟阴谋，李斯缺乏认识，丧失警惕。这充分暴露了李斯作为地主阶级政治家的严重局限性。然而，李斯的妥协，只不过是赵高复辟的开始。

不久，赵高毁掉了秦始皇的遗诏，逼死了扶苏，杀

第四章 抵巇

害了蒙恬，立胡亥为二世皇帝。赵高当上了郎中令。在宫中左右秦二世，操纵政权。

公元前209年，陈胜、吴广领导的农民大起义爆发了，革命风暴席卷全国。各地的六国旧势力也趁机纷纷叛秦，拥兵自立。当时，陈胜派吴广率军西进，围困荥[xing形]阳（今河南荥阳）袭击三川郡。李由无法抵御，只好全力固守。与此同时，由周文率领的另一路起义军数十万人，一直打到咸阳附近的戏水。后来秦朝派大将章邯击败起义军，暂时解除了威胁。但是，起义的烈火已烧逼全国。秦朝的统治面临着严重的危机。

当时，秦二世昏庸无能，被赵高玩得团团转。他不可能领会李斯的良苦用心，也没有采纳李斯维护中央集权、防止赵高复辟的进步主张。他看了李斯的《劝行督责书》很高兴，果然刑法更严，凡是征税多的，他就认为是好官；杀人多的他就认为是忠臣。当时，路上的行人有一半是受过刑的，死人更是堆积如山。秦二世认为这就算是能"督责"了。李斯的《劝行督责书》虽然保全了自己，但是秦王朝的危机却日甚一日。

赵高因为杀人过多，唯恐朝中大臣在秦二世面前揭发他，便劝秦二世深居宫中，不要跟大臣们见面。秦二

鬼谷子

世一味追求声色酒肉,再次听信了赵高。结果,秦二世被架空,一切政事都由赵高一人决定。

　　对此,李斯当然不满,希望能进见秦二世,但又苦于没有机会。赵高知道后,假惺惺地对李斯说:"你如果能劝戒皇帝,我一定为你留意。有机会,就来通知你。"

　　赵高是有阴谋的。过了几天,赵高趁秦二世跟宫女们饮酒作乐玩得正开心的时候,派人去通知李斯说:"这会儿皇帝有空,请赶快去上奏。"李斯信以为真,赶忙到宫门求见。秦二世正玩在兴头上,哪里肯接见李斯呢?李斯一连碰了几次钉子。

　　秦二世认为李斯是故意打扰他,跟他为难,很生气。他对赵高说:"我平时经常有空,李斯不来。偏偏我正玩的时候,李斯就来捣乱。这不是看不起我,故意跟我做对吗?"赵高趁机对秦二世说:"这太危险了!沙丘之谋,李斯是参与的。现在陛下做了皇帝,李斯还只是个丞相,没有再高升。我看呀!他是想'裂地而王'!况且,李斯的长子李由是三川郡守,陈胜这帮人都是李斯家乡附近的人,所以这帮盗贼才敢如此横行。他们经过三川郡时,郡守李由不肯派兵出击。我早就听说李斯

第四章 抵牾

父子跟陈胜等人书来信往,勾勾搭搭。因为我不知详情,所以没敢向陛下报告。再说丞相在外边,权力比陛下还要大哩!"秦二世信以为真,准备查办李斯,并派人到三川郡去调查李由勾结陈胜的罪状。

李斯碰壁以后,知道上了赵高的当。后来又听说秦二世在调查李由私通起义军,心里才恍然大悟。

李斯非常气愤,又无法见到秦二世,便给秦二世上书,揭发赵高的罪行。奏说赵高弄权,"擅利擅害,与陛下无异",指出赵高有奸邪之心,叛逆之行,如不及时防范,赵高就会作乱。但是,秦二世受赵高蒙蔽已深,不但不听李斯劝告,反而认为赵高对自己一片忠心,说赵高精明强干,既了解地方的人情,又能顺迎自己的意志,是不容怀疑的。他对赵高不但没有警惕,反而害怕李斯害掉赵高,就把这件事告诉了赵高。赵高便进一步诋毁李斯说:"李斯最忌恨的就是我赵高。我一死,他就可以杀君谋反了!"秦二世一听,勃然大怒,立刻把李斯逮捕入狱,并派赵高亲自负责审讯。

李斯给秦二世上书,陈述了自己追随秦始皇三十多年立下的功绩,用满腔血泪歌颂了法家路线的正确,表明自己忠心耿耿,决无反意。想以此感动秦二世。可是,

 鬼谷子

赵高这时党羽成群,一手遮天,李斯的上书,落到了赵高手里,被甩在一边。赵高骂道:"囚犯哪能上书!"

秦二世派去调查李由罪状的使者到达三川郡时,李由已被起义军杀死。赵高便编造了许多由李由谋反的罪状,以此陷害李斯。后来,李斯被判处了死刑。

李斯死后,赵高做了丞相。事无大小,都决定于赵高。权势极重,他给秦二世献上一只鹿,硬说这是马。秦二世的亲信也都慑于赵高的权势,随声附和,说是马,没有一个敢说这是鹿的。指鹿为马的故事,说明了当时的形势,以李斯为代表的地主阶级没有能制止复辟势力的反扑,使赵高更加飞扬跋扈,为所欲为。第二年,赵高便逼死了秦二世,立子婴为秦王。

这时秦末农民大起义风起云涌,所向披靡。公元前206年10月,刘邦率领农民起义军直捣咸阳,子婴无力抵抗,不得不向刘邦投降,维持了十五年的秦朝,终于被农民起义的革命洪流所推翻。猖獗一时的赵高复辟势力并不能阻挡历史车轮的前进。赵高政权仅仅维持了三年,就被农民起义的浪潮击得粉碎。秦朝兴亡的历史又一次证明:"人民,只有人民,才是创造世界历史的动力。"这是颠扑不破的真理。

一一、蔺相如避见廉颇

秦赵渑池之会结束,赵王回国,蔺相如因为功劳最大,被赵王拜为上卿,地位处于廉颇之上。廉颇说:"我作为赵国的大将,有攻城野战的大功,而蔺相如只是动动口舌,立了点功劳,却竟然位居我之上,况且,相如本来出身微贱,我感到很羞耻,无法忍受地位处在他的下面。"扬言说:"我碰见蔺相如,一定要侮辱他。"

相如听说后,就不肯与廉颇会面。相如每到上朝的时候,就常称病告假,不想与廉颇争高下。一次,相如外出,远远地望见了廉颇,赶紧调转车头躲避。于是,相如的一些门客联合起来,进谏说:"我们之所以离亲别故来追随你,只是因为仰慕你的高风亮节。现在你与廉颇同朝为官,廉颇口出恶言,而你却胆小躲避。害怕得不得了,普通的人尚且会感到羞耻,何况是位居将相之列的你呢;我们平庸无能,请允许我们走吧。"蔺相如坚决劝阻他们,说道:"你们看,廉将军与秦王相比,哪一个更厉害?"众门客回答说:"廉将军当然不如秦王厉害。"相如说:"以秦王那样的威严,我却敢在殿堂之

上呵叱他,侮辱他手下的群臣,我相如虽然无德无能,难道还会惧怕一个廉将军吗?我考虑到,强大的秦国之所以不敢发兵攻打赵国,只是因为有我和廉将军两个人在。如今,倘若二虎相斗,势必不能同时并存。我这样做的原因,是为了先国家之急而后私仇啊。"廉颇听说后,很惭愧,就脱去上衣,露出胳膊,背上荆条,由宾客陪着到相如家门前请罪。廉颇说:"我是个庸俗鄙贱的人,不知道将军的胸怀竟然宽广到这样的程度啊。"两人终于和好,结成了生死与共的朋友。

一二、苏代见相国公仲

楚军围攻韩国的别邑雍氏。韩国向西周借兵借粮。周君为此很发愁,便将此事告诉了苏代。苏代说:"这有什么可愁的呢?我可以为您让韩国不向周借军队和粮食,又能为您取得韩国的高都。"周君听后大喜,说:"您若能办成,我的国家大事将全听从您。"

苏代就去会见韩相国公仲,对他说:"您难道没听说楚国的意图吗?原来楚将昭应对楚王说:'韩国军队疲惫不堪,国内粮仓已经空竭,没法守城了。我乘其饥

第四章　抵巇

馑之际去收复雍氏，不出一月，就能攻下。'现在楚军围攻雍氏已经五个月而不能攻下，楚国已陷入困窘，楚王也开始不相信昭应的计策了。现在您向西周借军队和粮草，分明是把自己的饥饿疲劳暴露给楚国。昭应着听说了此事，必定劝说楚王增加兵力，围攻雍氏，那末，雍氏肯定会被攻下。"公仲听后说："很好。不过我们的使者已经启程了。"苏代说："您为何不把高都割给西周呢？"公仲大怒，说："我不向西周借兵借粮，已经很够意思了，为什么还要把高都送给西周？"苏代说："送给它高都后，西周必转而投靠韩国。秦国听了此事，必定大怒，焚烧西周的符节，不与其通往来。这样，您以小小的高都，换得一个完整的周国，又为什么不给呢？"公仲说："好！"

于是，韩国便不向西周借军队和粮食，还把高都割予西周。楚军则攻不下雍氏，撤回去了。

一三、朱勃论马援

东汉初，马援在交趾，曾食薏苡的果实，吃后轻身寡欲，并能战胜瘴气。南方薏苡果实很大，马援打算种

鬼谷子

植，回军时，载回一车。时人以为这些薏苡是南土珍品，权贵之家皆见其将之运回。当时马援正在得宠，故无人奏明皇上。及马援死后，有人上书诽谤他，认为先前马援自南方所运皆明珠文犀之类。马武与于陵侯侯昱等人也皆有奏章说明，皇帝更加愤怒，马援妻子闻讯惶恐畏惧，不敢将马援葬在旧茔，买人城西数亩之地暂时草草埋葬。宾客故人无有敢去吊慰者。马援兄长之子马严与马援妻子自用草绳索在一起，到朝廷请罪。皇帝拿出梁松告马援之书以示之，马家才知为何获罪，上书诉冤，前后六书，情辞哀切，而后马援才得安葬。

又有前云阳令、马援同乡朱勃到朝廷上书说：

"臣闻帝王有德、政治圣明，才不忘故人之功劳，取人之所长，不求人之完备。所以汉高祖赦免蒯通而以王礼埋葬田横。致大臣心中坦然，皆无疑虑、大将在外，谗言在内，小过屡记，大功不计，这是国家所要禁戒的。故章邯畏惧人言而奔楚国，燕将占据聊城，而不敢回国。哪是他们甘心出此下计，实是恐惧谗言之中伤。

"我见原伏波将军新息侯马援，起自西州，倾慕道义圣德，所走仕途崎岖艰难，曾触犯死罪，孤立于权贵之间，无一人为其申明正义。他确系深入深渊虎口，万

第四章 抵巇

死不顾,代朝廷出使隗嚣军中。难道他自知可任七郡之使,得封侯之福吗?八年(公元32年),光武帝西征讨伐隗嚣,国家大计未定,众营兵马未集,马援奏明应当进取之策,终于打下西州、及吴汉再攻陇地,冀地道路受阻,只有狄道为光武坚守,士民饥困,命在旦夕。马援奉诏西使,抚慰安定边关人众,招集豪杰,诱说羌戎,谋略如泉水之涌,威势如转员之石,于是急速扭转了危势,保住几乎丢掉的城池,率全军挺进,转饷来自敌方,致陇,冀平定,又镇守空郡。凡有出兵。即有战功,凡有师行,即有城破。他为铢灭先零,攀援深入山谷,奋力猛战,飞矢射穿小腿。他又出征交趾,其地多有瘴气,马援与妻子诀别,无悔恨偷生之心,终于剪灭徵侧,克平一州。这期间,他还不断南征,所到即下临乡,进军已有功业,未完而死,官兵多死于瘟疫,马援亦未独自生还。打仗出征,或以时间久而立功,或以进兵快而失败,深入用兵未必正确,原地不进未必不对,人之常情,谁喜欢久屯绝地,而不想生还呢!唯马援尽功于朝廷达二十二年,北出塞外大漠,南渡大江大海,出兵遇到瘴气而亡,他由此名灭爵除,子孙不得承袭。天下人不知他有何过,众百姓未闻他遭低毁,终至遇到

三人说他,使他横遭诬蔑,家属杜门不出,马援葬不能入墓,怨恨、嫌隙并起,宗亲为之战栗。死者不能自己陈述,生者无人为其诉讼,我暗自为之伤感。

"明主惯于用赏,少于用刑。汉高祖曾给陈平四万斤黄金以离间楚军,现在不问出人所为;难道又是以钱谷离间嘛!人之节操,即使有孔父之忠也难免受人谗言,这是邹阳悲伤的原因。《诗》云:'收取谗言之人,投给豺狼虎豹。豺虎不吃,投给有北。有北不受,投给昊天上帝。'此言是想令上天评判其罪恶。我唯愿皇帝陛下能认真思索我这无知竖儒之言,不使功臣含恨于黄泉、我听说《春秋》之义,罪以功抵;圣王之祀制,大臣可祀者有五种。如马援,即所谓以死勤于国事者。愿皇上能下令公卿评说马援功罪,是应该绝其祀,还是续其祀、以满足天下众人所望。

"我年已六十,常趴在田里,暗自感慨栾布哭彭越之义气,冒死陈述心中悲愤,战栗在宫院里。"书上,诏命归家事农。

朱勃,字叔阳。十二岁即能吟诵《诗》、《书》平素常与马援见马况寒喧致意。朱勃身着方领学者之衣,走路旋转皆能中规矩,言辞娴雅,马援用其为知书,见其人后自觉失当。马况知马援之意后，乃亲自斟酒安慰马援说："朱勃是小器速成；其智能就这样了。只当从你受学，不用担心。"朱勃不满二十，右扶风请他做渭城宰守，及马援为将军，封侯，而朱勃不过是县令。马援后来虽然显贵，却常因对其有恩，欺侮贬低朱勃，而朱勃却与马援愈加亲善，及马援遇谗，唯朱勃能以信义待之始终。肃宗即位，追赐朱勃之子谷二千斛。

一四、废除昌邑王

汉元年元年（前74年），聪明果断、年仅二十三岁的汉昭帝突然病故。昭帝没有儿子，因此，谁继承皇位便成了问题。当时汉武帝的儿子在世者只有广陵王刘胥。大将军霍光和群臣商议，都觉得按次序应立刘胥为帝。但刘胥本来因为行为有失，武帝才不立他为嗣，霍光不愿立这样的人为帝，心中却又不自安，怕别人讥自己擅权。恰巧有一个郎官上书，说为国家社稷计，可以废长立少，广陵王不适合为帝。此言颇合霍光之意。故霍光以其书示丞相张敞等人，擢这个郎官为九江太守。经商定之后，承皇后诏，遣人迎昌邑王刘贺入京，准备

继位。

刘贺是昌邑王刘髆之子,在国中平素十分狂纵,动作无节。汉武帝去世时,刘贺毫不悲伤,每日游猎不止。一次到方与(今山东鱼台西)游猎,不到半天就骑马驰出二百余里。中尉王吉劝他说:"大王不好书而乐游逸,驰骋不止,非享国之福。"刘贺不听。郎中令龚遂忠厚刚毅,有大节,内谏争于王而外责傅相,引经义,陈祸福,至于涕泣,而刺齐贺之过,蹇蹇不已。刘贺常掩耳而走,不听。

朝廷之征书到达昌邑国时,已是半夜。刘贺点起火把,拆开一看,不禁大喜,立刻收拾行装,至第二天中午便出发了。至黄昏而驰至定陶(今山东定陶),奔出一百多里,侍从者马死相望于道。王吉劝刘贺说:"今大王以丧事征,应日夜哭泣悲哀而已。今帝崩无嗣,大将军惟思可以奉宗庙者,攀援而立大王。愿大王事之,敬之,政事壹听之,垂拱南面而已。愿留意,常以为念。"刘贺不听。

刘贺至济阳(今河南兰考东北),求买长鸣鸡,又道买积竹林。经过弘农(今河南灵宝北),又派大奴以衣车载女子行。此事为长安使者发觉,责备刘贺,刘贺

第四章 抵巇

否认。刘贺至霸上（今陕西西安东），大鸿胪郊迎。快到广明、东都门（长安城东边二门），龚遂说："礼，奔丧望见国都哭。此长安东郭门也。"刘贺说："我嗓子痛，不能哭。"至城门，龚遂又提醒刘贺，刘贺说："城门与郭门相等。"不哭。快要至未央宫东阙，龚遂又劝，刘贺这才假哭出声。六日，刘贺受皇帝玺绶，称尊号。之后，将汉昭帝葬于平陵（今陕西咸阳西北）。

刘贺既立为皇帝之后，淫戏无度。原在昌邑国的官属都被征至长安，往往超擢拜官，以图夺取朝臣手中的权力。龚遂对原昌邑相安乐说："大王立为天子，日益骄溢，谏之不复听。如今哀病未尽，日与近臣饮酒作乐，斗虎豹，驱驰东西，所为誖道。如此，将身死而为世戮。你是陛下故相，应极力谏争。"太仆丞河东张敞上书劝刘贺说："今天子以盛年初即位，天下莫不拭目倾耳，观化听风，国辅大臣未有褒奖，而昌邑小辈先迁，此过之大者也。"刘贺不听。

大将军霍光见刘贺所为，十分后悔，心中忧懑，私下以此事问他的故吏大司农田延年，田延年说："将军为国家柱石，审此人不可，何不禀告太后，更选贤者而立之？"霍光说："如今想这样做，在古代有这样的事情

没有?"田延年说:"伊尹相殷,废太甲以安宗庙,后世称其忠。将军若能为此,亦汉朝伊尹也。"霍光听此言后,决心才定,便引田延年为给事中,暗中和车骑将军张安世商议筹划此事。

刘贺出游,光禄大夫夏侯胜挡住车子劝谏说:"天久阴而不雨,臣下有谋上者。陛下想到哪里去?"刘贺大怒,以夏侯胜之言为妖言,将他缚起来交给廷尉吏,廷尉吏告诉霍光,霍光将夏侯胜释放。回去后,霍光责备张安世,以为张安世泄露了机密,但张安世确实没讲。霍光便召问夏侯胜,夏侯胜说:"在《鸿范传》曰:'皇之不极,厥罚常阴,时则有工人伐上者'。不敢明言之,故云'臣下有谋'。"霍光和张安世听后大惊。侍中傅嘉数次进谏,刘贺也将他缚起来关在狱中。

霍光和张安世计议已定,派田延年报告丞相杨敞。杨敞一听,吓得说不出话来,冷汗湿透了内衣,口中只唯唯而已。田延年起身更衣,杨敞的夫人从东厢对杨敞说:"此国家大事,今大将军计议已定,使九卿来报君侯,君侯若不敢紧响应,与大将军同心,而犹豫不决,怕先要被杀。"田延年更衣回来后,杨敞便答应支持霍光,说:"请奉大将军教令!"

第四章 抵巇

癸巳日,霍光召集丞相、御史、将军、列侯、中二千石,大夫、博士等会议于未央宫。霍光说:"昌邑王行为昏乱,恐危害社稷,该当如何?"群臣一听,皆惊谔失色,莫敢发言,但唯唯而已。田延年上前一步,离席按剑而曰:"先帝嘱将军以孤幼,寄将军以天下,以将军忠贤,能安刘氏。今群下鼎沸,社稷将倾;且汉朝之传谥常带'孝'字者,以长有天下,令宗庙血食也。如汉家绝根,将军虽死,何面目见先帝于地下乎?今日之议,不得旋踵,群臣后应者,臣请剑斩之!"霍光躬身道歉说:"九卿责备我霍光就是。天下匈匈不安,我当受难。"于是,群臣都叩头说:"万姓之命,在于将军,唯大将军之令是听!"

霍光见群臣已服,便带群臣具白太后,具陈昌邑王不可以奉宗庙之状。皇太后便车驾幸未央承明殿,下诏宫中各门毋纳昌邑群臣。刘贺入朝太后还,欲乘辇归温室殿,中黄门宦者各持门扇。刘贺进来后,立即闭门,昌邑群臣不得入。刘贺问:"干什么?"霍光跪着说:"太后有诏,毋纳昌邑群臣!"刘贺尚且不知。说:"慢点就行了,何必这样吓人!"霍光派人将昌邑群臣全部逐出,赶到金马门外。车骑将军张安世率羽林军骑兵缚

鬼谷子

二百余人,皆送廷尉诏狱。霍光令人对昌邑王严加看管。此时刘贺尚不知要被废掉,对左右的人说:"我的故属从官犯了什么罪,大将军将他们全部收系之?"一会儿,有太后诏召刘贺,刘贺此时始知不妙,说:"我犯了什么过错而太后召我?"太后盛服坐于武帐之中,左右侍御数百人手中皆持兵刃,其门军武士执戟列于殿下,群臣以次上殿,召昌邑王伏前听诏。霍光与群臣联名上奏,尽数昌邑王刘贺的各种罪状,最后宣布废其帝位,夺其印绶。太后诏昌邑王归昌邑,赐汤沐邑二千户。除昌邑国为山阳郡。

一五、刘裕猜忌王镇恶

东晋义熙十二年(公元416年),刘裕将发兵征伐后秦,任王镇恶为咨议参军,兼任龙骧将军,率领先锋军。即将出征时,前将军刘穆之在积弩堂会见了王镇恶,对他说:"刘公怜悯沦陷敌境的百姓,立志留平叛逆。过去晋文王委托邓艾征伐蜀国,现在委托你征伐关中。希望努力建立功勋,不辜负你的使命。"王镇恶说:"不攻克咸阳,决不再渡江回来!"

第四章 抵巇

王镇恶率军进入后秦,战斗没有不胜利的。邵陵、许昌守军望风逃散,攻陷虎牢和柏谷坞,斩杀后秦将帅赵玄。军队在洛阳停留时,陈留公姚洗前来归顺晋军。进军到渑池停留时,王镇恶去拜访了故友李方的家,在堂上拜见李方的母亲,给了很丰厚的赏赐,授予李方渑池县令的官职。王镇恶派司马毛德祖在蠡城攻打弘农太守尹雅,活捉了他。王镇恶仍让尹雅任弘农太守之职。王镇恶挥军长驱直入,直接向渲关进发。后秦大将军姚绍率军占据险要,挖深沟,筑高垒来固守。王镇恶弧军深入,补给不足,与后秦军相持不下,时日一久,将士都缺少粮食。于是王镇恶亲自到弘农去督促收取粮租,老百姓竟相向义军送粮,这样,军队的粮食又多些来。当初王镇恶出征时,刘裕与王镇恶等约定,要攻打洛阳,必须等后援大军到了以后,不可轻率前进。王镇恶补充粮草后,不久即又向渲关进发,但被姚绍军抵抗,前进不了。相持一久,军队又缺少粮食,王镇恶派人急告刘裕,请求送粮援助。当时,刘裕正沿黄河进军,可是魏军在河岸上屯兵据守,刘裕军前进受阻。刘裕叫过王镇恶派来求援的人,打开船仓向北的窗户,指着河岸上的魏军说:"我说过叫不要前进,但却轻率带兵深入。

鬼谷子

岸上魏军据守,我怎么派得了军队去援救呢?"后来王镇恶又得到百姓送的粮食。姚绍也在此时病死,后秦抚军挑讚代替姚绍守潼关,防守兵力仍很强盛。刘裕到了湖城后,姚攒引军退却。

　　大军驻扎在潼关、商议进军的计划,王镇恶请求率领水军从黄河进入渭河。后秦镇北将军姚强屯兵据守任河,王镇恶派毛德祖击败了姚强,并进兵直到渭桥。王镇恶率军所乘坐的全是用牛皮覆盖住的战船,坐船的人都隐藏在船中,羌人看见船在渭河里逆流而上,船外看不见划船和坐船的人,由于北方一向没有舟船,所以羌人没有不惊异的,都说是神。王镇恶到了长安城外,叫将士吃完饭后,就弃船登上了岸。渭河水很急。一会儿,他们乘坐的船都随流水漂走了。当时后秦姚泓在长安城下屯驻了军队,有数万人。王镇恶抚慰兵士们说:"你们和你们的家在江南,这里是长安城北门外,离家万里,而我们船中装的衣物粮食,都已随水漂走,哪里还有求生的办法!只有拚死一战,可以立大功,否则,就不会有活下来的。"于是王镇恶带头在兵士前面冲杀,大家也知道没有了退路,莫不踊跃争先,杀向敌军,姚泓的军队一下就溃败了,随即,王镇恶攻下了长安城。

姚泓抽身逃跑，第二天带了妻子儿女前来归降。"城内夷族和晋国人六万多户，王镇恶宣扬晋国的恩德，抚慰归附的人，法令严明，民心安定。

刘裕快到长安时，王镇恶到灞上迎候，刘裕慰劳他说："使我的霸业成功的人，可就是你啊。"王镇恶拜谢说："这全是借您的威望和各位将官之力，我王镇恶有什么功劳呢！"刘裕笑着说："你是想学冯异啊。"那时，关中富足，仓库充实，王镇恶竭力收敛财物，所占有的妇女、玉器、绸缎不可胜数。因为他的功劳大，刘裕也不过问他的行为，又加封为征虏将军。这时有人将王镇恶攻陷长安后私藏姚泓坐轿的事，告诉了刘裕，认为王镇恶有谋叛之意。刘裕秘密派人找到了放轿子的地方。原来，姚泓的坐轿是以金银装饰的，王镇恶只是把金银装饰都剔取下来，把轿子扔在了墙边。刘裕听说后，心里这才安定下来。

一六、伺机上奏的李昭德

武则天任命武承嗣为文昌左相（尚书左仆射），李昭德秘密向武则天上奏说："武承嗣是陛下的侄子，又

是亲王,不宜再处在机要的权力机关,以致让众官和百姓产生疑心。况且自古帝王,父子之间,尚且互相篡夺,更何况是姑侄,又怎能委他以大权呢?假如他乘便作乱,皇位又怎么能安宁呢?"武则天恍然大悟,说:"我没有想到这一点。"武承嗣也曾经反过来诬陷李昭德,武则天说:"自从我任用李昭德以来,常能高枕而卧,这是代替了我的劳苦,不是你所能比得上的。"武承嗣不久转为太子少保。罢去了做宰相知政事之职。

延载初年,凤阁舍人(中书舍人)张嘉福让洛阳人王庆之率领轻薄的恶少们几百人到殿廷上表,请求立武承嗣为皇太子。武则天不答应,王庆之不断地坚决请求,武则天让李昭德去责问他们,命令他们散去。李昭德便杖杀了王庆之,其余的人这才安静下来。李昭德乘机上奏说:"臣听说周文王、武王时的统治之道是,要把自己的子弟封在四方以为屏藩,哪里有侄做天子而为姑姑立庙的呢!从亲戚这方面讲,那么故去的高宗是陛下之夫、皇嗣是陛下之子,陛下正应传位给子孙,为子孙万代着想。况且陛下是继承先皇的嘱托才拥有天下的,如果立承嗣,臣恐怕先皇在天之灵也会不愿接受牲牢之享祭了。"武则天明白过来,这才放弃了这个想法。

第四章 抵巇

一七、河中两只石兽

在沧州的南面，有座寺庙紧靠着河边，山门崩塌在河里，两只石兽也一道沉下去了。过了十多年，和尚便筹集了一些钱，要重新修理山门，于是便派人到河里去打捞那两只石兽，可是竟然找不到影子。人们都以为石兽顺着河水流到下游去了，于是他们驾驶好几只小船，拖着铁钯，寻找了十多里，最终也不见踪迹。

有个教书的在庙里设馆讲学，听到人们寻找石兽的情况，就笑着说："你们不会推求事物的道理。这石兽又不是木片儿，怎么可能被暴涨的洪水带走么？石头的质地坚硬沉重，沙性松浮，石兽湮没在沙地上，自然越沉越深啦。你们沿着河往下寻找，不是很可笑么？"大家都相信这种说法是正确的。

这时有位老河兵听了，又笑着说："大凡掉到河里的石头，都应当到上游去寻找。由于石头的质地坚硬沉重，而沙性松浮，河水冲不动石头；它的反冲力必然会在石头下面迎水的地方，把沙土冲成陷坑，越冲越深，冲到石头半截空着时，石头必定翻过来落在陷坑里。像

这样河水再次把沙冲成陷坑,石头又再次转过来,转翻不停,这样一来石头就反而逆流而上了。到河的下游寻找石头,固然可笑;到地下去找,不是更可笑么?"于是人们按照老河兵的话去寻找,最后果然在几里外的上游找到了这两只石兽。

世界上那些纷纭的事物,人们只了解一个方面,而不知道另一方面的情况,难道可以按照人的理解去主观臆断么?

一八、李伯渊杀崔立

李琦是山西人,官职是都尉,在陈州和粘哥奴申同在行省中共事,陈州失陷,进入汴京,依附崔立的妹夫折希颜,娶了夹谷元的妻子。夹谷元的妻子二十多岁,有姿态容色,当初崔立拘留追随金哀宗出逃官员的家属,夹谷元的妻子有病是坐车去的,得以免脱。李琦娶了她以后,有人说李琦的妻子美丽,崔立想要强占她。李倚常常见到崔立想要抢夺别人的妻子,一定要差使她的丈夫出远门。有一天差使李琦离开京城,李琦让妻子跟随自己,像这样的做法有很多次,崔立于是想要杀死

第四章 抵巇

李琦。李琦又多次被折希颜侮辱,就首先谋划杀死崔立。李伯渊是宝坻人,本来是安平都尉司千户,仪表堂堂,深沉有谋略,常常对崔立无道的做法感到愤怒,想要主持正义把崔立杀死。李贱奴是燕京人,曾经因为有军功任京兆府名誉判官,壬辰(1232年)年冬天,金哀宗率众向东出逃,李贱奴用都尉的身份暂时代理东面元帅之职。当初崔立反叛,因为李贱奴过去和他的地位相当,在外表上还是很敬重他。几个月以后,崔立的势力稳固了,就把李贱奴当作自己家兵来看待。李贱奴把此事积压在心里不能平静,多次吐出怨言,到这时候和李椅等人联合在一起。

(天兴三年门234年)六月甲午日,传闻周围地区有南宋军队,李伯洲等人假装和崔立谋划防备策略。第二天晚上,李伯渊等点燃外封丘门来惊动困扰崔立。这天夜里,崔立非常不安定,一晚上很多次躺下后又起来。等到天亮了,李伯渊等亲自来约请崔立去看火烧的情况,崔立让苑秀、折希颜几个人骑马跟随自己去,告渝京城中的百姓十五岁以上、七十岁以下的男子都到太庙街点名集合。回来后,当走到梳行街,李伯渊想要送崔立回到二王府,崔立再三推辞,李伯渊

鬼谷子

一定要亲自送,崔立不再怀疑,仓促中李伯渊靠近崔立的马把崔立抱住。崔立回过头来说:"你想要杀我吗?"李伯渊说:"杀你有什么不好的。"就抽出匕首横刺崔立,匕首穿透崔立的身体又刺中李伯渊抱住崔立的那支手,李伯渊第二次刺崔立,崔立从马上摔下来死了。埋伏的士兵冲出来,元帅黄掴三和杀死苑秀。折希颜从后面赶来不知道情况,看见崔立从马上摔下来,以为是崔立和别人争斗,想要上前劝解他们,随即被军兵砍中,受伤逃往梁门外,军兵们追上去把他杀了。李伯渊把崔立的尸体拴在马尾上,来到皇宫前对众人大声说:"崔立杀人抢劫,奸淫暴虐,大逆不道,古今没有他这样的人,应该杀他吗?"众人齐声回答:"一寸寸地杀他都尚未符合我们的心愿。"于是就把崔立的头颅悬挂起来示众,朝着承天门方向祭祀金哀宗。李伯渊和士兵百姓们都非常悲伤,有人挖出崔立的心把它生吃了。把崔立、苑秀、折希颜三个人的尸体挂在皇宫前的槐树上,忽然槐树倒下,人们认为槐树有灵感也厌恶被污染。不久,有人告发崔立窝藏皇宫中的珍宝,于是就查抄了崔立的家,把他的妻子王花儿赐给丞相镇海帐下的士兵。

第四章 抵巇

一九、多尔衮承诺吴三桂

清太宗崇德八年（公元1643年）四月初十，皇太极亲临笃恭殿，授给睿忠亲王多尔衮奉命大将军印，并准许他使用皇帝的旗号，享有便宜行事的权力，率领武英郡王阿济格、豫郡王多铎及孔有德等人前去攻打明朝。十一日，从盛京出兵。十七日，到达翁后。明朝平西伯吴三桂从山海关送信来请求援助，多尔衮得信之后，便前去靠近他。十八日，到达西拉塔拉，回信给吴三桂写道："我国打算与明朝通好，但我们多次下书都未得到答复。不得已我们才三次派兵入关，目的是为了向明朝皇上申明我们的诚意，希望明朝真心遣使通好。如今所以不再继续这样做，只是为了平定中原，与民休息罢了。听说李自成的军队攻陷了京城，崇祯皇帝已悲残地死去，我们不胜愤怒，因此才率领义军；宁愿破釜沉舟，无论如何一定要打败这些流寇，救民于水火之中！您不忘报答明主的恩德，与流贼不共戴天，实可堪称为忠义之臣，希望您不必因为昔日镇守辽东时曾与我为敌这件事而担心。昔日管仲曾箭射齐桓公，但齐桓公

却照样重用他，并因此成就了霸业。如今您假若能率军队前来归降，必定能得把您家乡的故地封给你，并晋升你为藩王。如此则您国仇既可报，身家性命也可以保住，世世代代都可以享受荣华富贵。"

二十二日，多尔衮的军队到达了连山。吴三桂再一次派遣使节请求多尔衮迅速进兵，因此多尔衮星夜赶奔，过了宁远，到了沙河。二十三日，距离山海关只有十余里了，吴三桂报信说李自成的兵马已经出关。多尔衮命令请王迎击，在一片石这个地方打败了李自成军。二十四日，兵至山海关，吴三桂亲自出城相迎，多尔衮赞扬了他的功劳，并且命令他所统帅的军队用白布系在肩头作为标志，首先驱马入关。当时李自成亲率二十万人，自北山开始排列直达海边，而多尔衮的车队却没有到达海边，因此多尔衮下令说："李自成这伙流寇既然已经横行了这么久，他的兵将不仅勇猛，而且人数颇多，决不可轻敌，但据我观察他们所排列的阵形虽然很大，但是首尾不能互相照应，因此我们可以利用我们的极少一部分，去对付他们的阵尾，等他们的力量消耗到一定程度时再去进攻他们，一定能取得胜利。如果我们能大家齐心合力攻破此阵，则

第四章 抵巇

我们的大业就可以成功。希望大家听从指挥,千万不要轻举妄动!"当布阵完毕之后,命令吴三桂军队处于右翼的后一部分。经过一番肉搏战,因为大风扬起满天尘土,虽然近在咫尺而无法辨清对方,因此尽管砍杀很久,但仍不分胜败。

待大风停止之后,清军的主力从吴三桂阵营的右侧迅疾而出,力捣李自成军队的主力,李自成的人马立即有多数中箭。李自成登高望见这一幕之后,即知败局已定,策马而逃。清军无不以一当百,追赶了近四十里,李自成才得以逃脱。多尔衮当即在阵前实现他对吴三桂的承诺,进封他为西平王。并且下令关内所有军民各色人等一律剃发,蓄留辫子。并以马步兵各一万人归属吴三桂统领,前去追击李自成。又警告众将说:"我们此次出兵是为了除暴安良,消灭流寇而平定天下。因此切记决不可枉杀无辜、掠夺财物和焚烧百姓的房屋。违者将治罪。"因此,自山海关以西,那些逃到山里躲避战乱的老百姓都回到家乡,剃发归降。二十六日,清军到达河驿,派使节回去汇报战胜的消息,同时大军继续前进。途中明朝将领官吏有来投降的,多尔衮命令他们一律官复原职。

 鬼谷子

二〇、不胫而走

"不胫而走"比喻事物不待推行就迅速地传播流行开了。

此典出自《昭明文选·孔文举〈论盛孝章书〉》:"珠玉无胫而自至者,以人好之也。"

三国时期,孔融的好朋友盛孝章住在东吴。吴国的孙策对有名望的人都很妒忌,常常找借口把一些有名望的人杀掉。盛孝章是一个有名望的人,于是孔融就非常担心他,害怕他被孙策杀害,于是写信给曹操,劝他招纳盛孝章。他在信中写道:"如果您要匡复汉室,首先就要求贤;而要求得贤人,就要尊贤,这样有才德的人,就会自然来到。这就像'珠和玉本来没有脚,因为人们喜欢它的缘故,才落到喜欢它的人手中'。"

"无胫而自至"后被说成"不胫而走"。

二一、不近人情

"不近人情"表示不合人之常情。

此典出自《庄子·逍遥游》:"吾闻言于接舆,大

第四章 抵巇

而无当,往而不反。吾惊怖其言,犹河汉而无极也;大有径庭,不近人情焉。"

春秋时代,楚国有个狂士名叫接舆,他给肩吾讲了一个故事。

在遥远的北海中,有一座名叫姑射的仙山,山上住着神仙。那些神仙,皮肤像冰雪一样的洁白,容貌如处女一样的端庄。他们不吃五谷杂粮,只需吸风饮露即可生活。他们驾驭飞龙腾跃于云气之中,巡游于四海之外。当那些神仙精神专一时,就能使宇宙间的一切正常发展,万物不病,五谷丰登。

肩吾听了这个故事,无法理解,就去对连叔说:"我听了接舆的故事,觉得无稽之谈,愈说愈离奇,无法反复印证。他所讲的好像天上的银河一样,没有边际,不切实际,太使人惊诧了;真是怪诞荒谬,太不近乎人情。"连叔沉思片刻,然后对肩吾说:"是这样。瞎子对于有文采的东西无法鉴赏,聋子对钟鼓之声无法判断。在智慧上也是这样,因为你不知道接舆所说的是高妙的至理,所以你认为他的话是荒诞的。听了你说的这番话,我感觉你和从前一样,没有任何进步。"肩吾听了连叔的话,默不作声。

 鬼谷子

二二、不可胜数

"不可胜数"形容为数极多,数也数不清。

此典出自《墨子·非攻中》:"百姓之道(由)疾病而死者,不可胜数。又见《汉书·伍被传》:死者不可胜数,僵尸遍野。"

淮南王刘安手下郎中伍被学问渊博。刘安喜欢学者,而伍被又是刘安所喜欢的几个学者中最受赏识的。因此,一些重大政治问题,刘安常常征求伍被的意见。

刘安想起兵谋反,多次与伍被商量,伍被都认为不可轻举妄动。后来刘安认为可以起兵了,又去找伍被商量。他对伍被说:"如今起兵的时机已经成熟,因为天下的百姓对皇上不满,诸侯行为失检的也很多,并且他们对皇上也怀有疑惧。我想,我们在西乡起兵,一定会有人响应。"伍被还是不同意刘安的看法。他告诉刘安说:"汉高祖之所以得天下,是因为秦王残害百姓,杀术士,任刑法。当时男人辛勤耕种还吃不饱饭,女的勤于纺织还衣不蔽体。秦始皇修筑长城,军队没有住处,都在露天宿营,'死者不可胜数,僵尸遍野'。当时百姓

想谋反的,十家当中就有五家,而今不是这种情况。"刘安虽然觉得伍被的话有道理,但他造反之心还是没有变。后来伍被另给刘安想了一条起兵的计策,但事情很快被朝廷知道,于是伍被被杀掉。

二三、不伦不类

"不伦不类"是指把不能相比的东西相提并论,意即不三不四或不像样。

此典出自明·吴炳《疗妒羹记·卷上·絮影》:"眼中人不伦不类,阱中人不伶不俐。又见《红楼梦》第六十七回:王夫人听了,早知道来意了。又见他说的不伦不类,也不便理他。"

薛蟠从江南贩卖货物归来,给他妈妈、妹妹各买了一箱东西。给他妈妈的是绸缎、绫锦、洋货等家常应用之物。给他妹妹的是笔、墨、纸、砚,各色笺纸,香袋、香珠、扇子、扇坠、花粉、胭脂以及自行人,水银灌的打金斗小小子,沙子灯……宝钗将那些玩意儿一件一件地整理了,除了自己留用的之外,一份一份配合妥当,叫莺儿和一个老婆子送往贾府各处。

鬼谷子

赵姨娘见宝钗送给贾环一些东西,心中非常高兴,心想宝钗是夫人的亲戚,为什么不到王夫人那里去感谢感谢,以获取王夫人的欢心呢?主意一定,她便拿着宝钗送的东西,到王夫人房中,赔笑说道:"这是宝姑娘刚才送给环哥儿的。难为宝姑娘这么年轻的人,想的如此周到,真是大户人家的姑娘,又展样,又大方,怎么叫人不敬奉呢!怪不得老太太和太太整天都夸他疼他。我也不敢自专就收起来,特拿来给太太瞧瞧,太太也喜欢喜欢。"

王夫人一听,便知道她的来意。又见她说的不伦不类,也不能不理她。便说道:"你只管收了去给环哥儿玩罢。"赵姨娘来时兴兴头头,谁知抹了一鼻子灰,满心生气,又不敢露出来,只得讪讪地出来了。

二四、不死之药

说明中射之士,以其自身行动揭穿了"不死之药"的诬妄。

此典出自《韩非子·说林上》。

有人把不死之药献给楚王,谒者便捧着它送进宫

去。中射之士问谒者说:"这东西能吃吗?"

谒者回答说:"可以吃。"

于是,中射之士便把不死之药夺过去吃了。楚王派人去杀中射之士。

中射之士托人对楚王说:"我询问谒者,谒者说'可以吃',我就把不死之药吃了。说明我并没有罪,而罪是在谒者身上。而且,客人献的是不死之药,说明这是一种死药,是客人在欺骗君王。因此,把没有罪的人杀死了,从而说明客人是欺骗君王的,倒不如把我放了。"

于是楚王便决定不杀中射之士。

抵巇第三

天下分错①，上无明主，公侯无道德，则小人谗贼②，贤人不用，圣人窜匿③，贪利诈伪者作，君臣相惑，土崩瓦解，而相伐射，父子离散，乖乱反目，是谓"萌牙巇罅"，圣人见萌牙巇罅，则抵之以法。

世可以治，则抵而塞之，不可治，则抵而得之④。或抵如此，或抵如彼；或抵反之，或抵覆之。五帝之政，抵而塞之，三王⑤之事，抵而得之，诸侯相抵，不可胜数⑥。当此之时，能抵为右⑦。

【注释】

①分错：纷乱错杂的无序状态。分即纷。

②谗贼：以言害人为谗贼。

③窜匿：逃遁，避世隐居。

④世可以治，则抵而塞之，不可治，则抵而得之：

塞，弥补。塞之、得之，一为补救法，一为转化法；一是助之使理，一是摧之使垮；一是帮助对方修正思维航向，一是使对方思维逆转。

⑤三王：即三代之王。三代指夏、商、周三代。

⑥诸侯相抵，不可胜数：诸侯之间相互利用矛盾，乘间而入，是普遍现象。

⑦右：古代以右为尊，此指上策。

【译文】

天下扰攘纷乱，国家没有明君，公侯权臣没有仁德，于是小人谗害贤良，贤良得不到重用。圣人逃出藏匿，贪婪奸邪、诡诈伪善的小人乘机兴起作乱，君臣互相猜疑愚弄，天下土崩瓦解，相互攻击杀伐，父子离散不合，反目成仇。这就是所说的不祥之兆。圣人看到这种社会弊端，就会采用相应方法处理。如果世道还能够挽救，就采取措施补救；若感到已发展到不可挽救的地步，就取而代之。

圣人治世，有时用这样的方法，有时用那样的方法。或堵塞漏洞，纠正失误，使之返回正道，或采取颠覆的方法取而代之。像五帝当政的时代，就用抵挡堵塞漏洞的方法；处于三王那样的时代，不可救药，就用抵

手法取而代之。诸侯之间的互相征伐欺诈，不可胜数。在这种情势下，善于利用矛盾，乘间而入才是上策。

【感悟】

当乱世之时，要拯救社会，要想救百姓于水火之中，贵在根据具体情况，或者采用补救的方法，或者采用取而代之的方法实现自己的愿望，达到造福人民的目的。

【故事】

一、夏桀灭亡

履癸又名桀，是夏王朝最后一个国王。是我国古代史上有名的暴君。夏朝自禹建国以来，共传了十四代，十七王。到了夏桀时，我国奴隶制社会经过四百多年的时间，已由局部地区发展到全国大多数地区，夏王朝的统治中心也扩大到"左河济、右太华，伊阙在其南，羊肠在其北"。即是东面到达黄河下游和济水流域（今河北东南部和山东），西面到华山（今陕西东南部），南面到伊水流域（今河南西部），北到羊阳（今山西晋城一带）。但是其统治势力所及，还远不只于这样一带地区。夏王朝就是从这个统治中心把势力伸展到全国，并

第四章　抵巇

在全国建立起了大大小小的氏族、部落，或方国、诸侯的贡纳关系。自孔甲继位以后，各种社会矛盾日益尖锐化。统治阶级内部的矛盾也开始激化，诸侯、方国中的奴隶主贵族，有不少开始反叛。桀即位以后，面对这种江河日下、众叛亲离的统治局面，力图加强控制，以巩固他的统治，所以才不惜以残暴的手段来对付一切反抗他的人。

相传桀是一个有才智又有勇力的人，他能够一人生擒兕（野牛）、虎，折断钩索，其力之大，无人可比。但是性情很暴躁，又很残忍，动辄杀人。他酷好声色，又好喝酒。即位以后，为了控制局势，又将王都迁回斟鄩旧都（今河南巩县）。地处东方的有施氏（今山东滕县）在桀当夏王前，就反叛不臣服。桀因有施是一个小方国，首先就出兵东进，伐有施。为了杀一儆百，桀调集了上万的军力开向有施氏的族居地。有施氏国小力薄，看见夏王朝大兵压境，首先表示请罪，愿意臣服纳贡。桀开始不准有施氏投降，一定灭掉有施氏。有施氏得知桀是一个好色之徒，就选了一名叫妹喜的美女进献请降。桀见妹喜生的美貌，大为高兴。于是不再说要灭有施氏，就罢兵带了妹喜回到王都。妹喜见王都斟鄩的

宫殿陈旧，很不高兴。桀为了讨妹喜的欢心，就下令在河南"作倾宫、瑶台，殚百姓之财"。为了修建倾宫、瑶台，首先是搜刮人民的财物，然后征派民夫，调集奴隶动工修筑。因为这座宫殿修得很高大，从地面往上看，有将倾倒的感觉，所以取名为倾宫。在倾宫里又用玉和石头来建造了很漂亮的琼室瑶台。修好了以后，桀就和妹喜迁往河南这个离宫中去居住。当桀登上这座高大的倾宫时，十分高兴，他和妹喜日夜在此饮宴作乐。俯视其下，感到他是在天上，就将自己比作是太阳，居天下之上，永远存在。当然，修建这座离宫的一切费用，都是从人民那里搜刮来的，所谓"殚百姓之财"，就是说把平民百姓之财都搜括殆净。人民在桀统治时期，实在不堪其苦，就天天指着太阳咒骂："时日曷丧，予及汝偕亡"。这是借着骂太阳来咒桀，意思就是："这个太阳为何不快灭亡，我们愿与你一同灭亡"。

桀劳民伤财，残害人民，在诸侯、方伯中也引起了不满和反抗。他为了控制这种形势，就下令在有仍这地方（今山东济宁）会见诸侯、方伯。虽然许多诸侯、方伯慑于桀的武力，不得不前去赴会，但各自都怀有戒心。而桀召集有仍之会，一方面要显示他是天子，仍有

第四章 抵巇

威力，另一方面要向诸侯、方伯们敛财，征收贡物，供他挥霍。但是"夏桀为仍之会，有缗叛之"。

有缗是夏王朝东部（今山东金乡）的一个方国，有缗首领见桀是一个暴虐贪婪的国王，不等会散就先回国。有缗氏的这一行动，激怒了桀。桀便率领参加"有仍之会"的各诸侯、方国出兵征伐有缗。有缗国小力弱，当然无法抵御。灭了有缗之后，将其财物、美女、人口尽数掳掠到王都。但是桀所作所为被各诸侯、方伯们看在眼里，更加和夏王朝离心离德，叛夏的更多了。所以古书中说："桀克有缗，以丧其国"。

相传夏桀命令一个叫扁的武将率兵去征伐岷山。岷山之君进献两个美女请降，这两个美女一个叫琬，另一个叫琰。经学者考证，岷山即枲山，就是有缗。有的古书中又作民山或蒙山，指的都是一回事。总之，桀暴虐无道，不惜用武力来灭亡一族一国来满足自己的淫逸奢欲。

自桀灭有缗之后，统治阶级内部的矛盾更加激化，桀的无道引起了众叛亲离，最后终于被商汤灭亡。

相传夏王朝有个太史叫终古，是掌记事兼天象、历法的官。见桀暴虐，又贪乐纵欲不理朝政，便多次向桀

进言,劝谏要爱惜民力,不能这样奢侈。桀根本听不进,反而征发平民和奴隶在倾宫中修建一个很大的池子,里面灌满了酒,称为"酒池"。还作了一只彩船放在池中,使歌女们在船中演奏"靡靡之乐"。又使许多青年男女奴隶在池边载歌载舞地饮池中的酒,有所谓"一鼓而牛饮者三千人"之说。然后,使男女奴隶相戏。桀与喜妹以及一些谀臣们通宵达旦地在此观看和饮酒取乐,一个月都不出宫办理朝政。终古又哭着苦苦劝谏,桀不但不听,反而责骂终古是多事。终古眼看桀如此下去,不久便会亡国,于是就逃出投奔商汤。

夏王朝有一个大夫叫关龙逄他见终古劝谏桀无效,就手捧"皇图"来到倾宫求见桀。"皇图"也称作"黄图",是古代王朝绘制有帝王祖先们功绩的图,给后代帝王们看,以便效法祖先们治理国家。关龙逄捧去的"皇图"绘有大禹治水和涂山大会等图象,他是要桀效法先王,象始祖大禹一样节俭爱民、薄衣食、惜民力,才能得天下诸侯的拥戴,才能长久享国。若是象如今这样挥霍无度,任意杀人,亡国的日子就不远了。桀对这样忠言很感逆耳,不仅不听,反而将关龙逄杀害,下令将皇图焚毁。还警告朝臣们说,今后再有象关龙逄这样的人来进言，一律杀头。于是贤臣绝迹，言路断塞，桀愈加骄横暴虐。

二、芒卯领魏秦

芒卯对秦昭王说："大王的大臣中，还没有一个在诸侯中作内应的人。我听说，英明的君主不离开内应行事。大王要求于魏国的，是长羊、王屋、洛林等地。大王若能让我当上魏国的司徒，我就能让魏国把它们献给大王。"秦王说："好。"于是任命他做了魏国的司徒。

芒卯对魏王说："大王所担心的是上地，秦国觊觎魏国的是长羊、王屋、洛林等地。大王若把它们献给秦国，上地就没有忧患了。然后我请求他们出兵向东攻打齐国，所得到的土地一定很多。"魏王说："好。"于是就把长羊、王屋、洛林献给秦国。

地已献出了好几个月，秦国却没有出兵。魏王对芒卯说："地已献出了好几个月，秦国的军队还没来，是什么原因？"芒卯说："我罪该万死。不过，大王若处死了我，就等于把与秦国的契约撕毁了，大王就没有根据向秦国提出要求了。大王若赦免我的死罪，我就去为大

 鬼谷子

王按照原先的约定向秦国提出要求。"

芒卯于是到了秦国,对秦王说:"魏国之所以献出长羊、王屋、洛林等地,是想要大王出兵,帮助向东攻打齐国。现在他们的地已经献了,秦兵却没有派出,我就要获死罪了。不过,以后山东各国的政客们没有人再会为大王做有益的事了。"秦王吃惊地说:"因国事较多,所以没有出兵。现在就派兵去随同魏兵行动。"

过了十天,秦兵出动。芒卯领秦、魏两国军队向东攻打齐国,拓地二十二县。

为封地的都邑。

三、周昭王驾崩

二千九百八十年前,即公元前980年前,周朝第四任国君昭王在位。周昭王是一位有作为的天子,不愿意坐享其成,经常亲率甲兵征战四方。在他统一北方之时,南方的楚国日益强大,尾大不掉,居然不向天子纳贡;特别是江南的扬越各部控制了战略物资江南铜矿资源,掌握了铜绿山铜基地,这就等于卡住了中央政权的脖子,这是绝对不能允许的。因此昭王不辞劳苦,不避

第四章 抵巇

艰险，三次兴兵亲征江南。

昭王第一次南征很顺利。他和贵族过伯、鼐、某驭等率领大军沿汉水东岸南下，成王分封的所谓"汉阳诸姬"的汉北各姬姓诸侯一路欢迎王师，并陆续地派军队参加王师，昭王所统领的人马越来越多，一路浩浩荡荡南下，所向无敌，楚国在汉北所建立的几个据点，都被王师拔掉了，王师俘获了大量楚兵，缴获了不少物资，再加上各姬姓诸侯的贡献，王师兵多粮足，无后顾之忧，一直打到长江边。昭王和大臣们商量：打不打到江南去？过伯说："打过去！扬越占领着铜绿山铜矿，不按时向天子贡献铜块，想卡我们的脖子。这跟尧舜禹时的三苗一样，不打是不行的。"鼐说："我也赞成打。我们这次兵多粮足，一路下来，打得楚国退回汉水西面不敢迎战。以此军威渡江，可谓先声夺人，扬越必然败退，我们正好占领铜绿山铜矿。"某驭说："攻占铜绿山容易，要守住它就难。我们的大军不可能长驻于此，大军一走，扬越一定又要来争夺铜矿，如何才能长期占领呢？"昭王说："你们说的都有道理。我们这次出兵的理由，本来是说惩罚楚国不纳贡。其实原来规定楚国的贡品是包茅等鸡毛蒜皮的东西，他贡不贡也无所谓。我们出兵的真正目的是占领江南铜矿,铜材是关乎国家兴衰存亡的战略物资,是势在必争的。所以我们一定要过江!"过伯等连忙说:"大王说的极是。那我们就先打过江去,再看情况决定如何驻守吧。"于是除留一支人马在江北守卫渡口以外,昭王亲率大军渡江南下。

扬越的鄂部落早就听说王师南下,一路打得楚国不能招架,现在见大军乘胜渡江而来,不敢迎战,连忙将主力退至南面的大山里去,将铜绿山铜矿拱手让出。昭王轻而易举地占领了铜绿山,获取了大量铜材,除留作朝廷御用外,从征贵族每人都分得不少铜材,他们拿回去以后用来铸造了很多青铜礼器、兵器和其他各种高级用具,他们并在青铜祭器上铸字记载了这件事。

这次胜利来得太容易了,昭王就忽视了长期占领的难度,只留了少数兵力镇守铜绿山,大军都撤回中原去了。没想到大军刚一回到中原,鄂国又反扑过来。鄂部落撤到南面大山中去的主力部队,打听到王师主力撤回北方去了,他们立即回来夺取铜绿山铜矿,昭王留下的少量驻军当然不是他们的对手,很快被赶出了铜绿山,侥幸逃过长江,又遭虎方阻击,逃回中原的已所剩无几了。

再说昭王回到京城,庆祝胜利板凳还没有坐热,就接

第四章 抵巇

到了败逃回去的将士的报告,得知鄂和虎方又反了,铜绿山铜矿又丢失了,朝廷的铜材又短缺了,于是决定第二次御驾亲征。过伯等劝昭王:"将士们刚回来不久,没有休整好,连续出征,恐怕吃不消,还是过一、两年再说吧!"昭王说:"不行!扬越和虎方这些蛮夷竟敢如此无理,不仅不向朝廷进贡,反而还敢攻击王师,这还了得!非给点颜色他们看看不可!"于是决定第二次南征。

第二次南征,昭王特为派出两员得力大将:任命南宫为元帅,中为先锋。中带领军队先视察汉阳诸姬姓诸侯,为大军开路,为昭王在邓国和曾国准备行宫。中由邓国、鄾国、汎国、唐国、曾国,一直视察到江边。昭王和南宫领着大军随后跟进,消灭了江北的虎方,又渡江攻打鄂国,将鄂和扬越其他部落打得四散而逃。中最先攻占鄂地并在那里驻军,王师再一次占领铜绿山,又获取了大量铜材。昭王班师渡江北上,在唐国大会汉阳诸姬姓诸侯,论功行赏,昭王说:"这次南征,中立了头功。"赏给中很多铜材和马匹,南宫元帅也赏赐中很多东西。昭王回到北方以后,在寒国的临时军帐里,又派太史传令,将礻禹土赐给中作采邑。中用昭王赐予的铜材铸造了一批青铜礼器,并在这些青铜器上刻铸了文

鬼谷子

字，记载了这次战争和他所得的赏赐，这就是现在我们所看到"安州六器"的铭文。

公元前977年，昭王第三次南征，这次又打了胜仗，又到了铜绿山，还获得了两件稀世之宝，一是一块重达上百斤的自然铜块，一是一块重七、八十斤的孔雀石。昭王得到了这两块大矿石，喜不自禁，爱不释手，亲自督促装在自己的座车上，说是要带回镐京去作镇国之宝。没想到这两件宝物却要了他的命。原来他的座车，因有很多铜装饰，比一般的战车起码要重一倍，而他和同车的蔡公都比较发福，两个人共重300多斤，他的侍卫官辛余靡身长体壮，足有200斤重，还有驾车的，这些本来就超重了，现在又加上这两块宝贝，显然这乘车是严重超载了。可是昭王因为是得胜回朝，有些得意忘形，对存在的危险一点也没有察觉。就在他班师回程，离开铜绿山不久，在过金湖浮桥时，前面的车马都平安无事的过去了，等到他的座车一到湖心，浮桥承受不住，突然垮塌了，昭王和蔡公都掉到水里去淹死了。辛余靡虽会游水，但他从水里拉起来的只是两具遗体。从此人们就把这一片金湖叫天子湖。

昭王死后，周兵因为是在班师途中，就秘不发丧。

这一方面是怕动摇己方的军心，另一方面是怕鄂和扬越其他部落知道了会乘丧出击。从征的大臣们将昭王和蔡公的遗体放在有帷帘的车中，说是他们落水受凉生病了，一直到回到镐京后才发丧。从此周天子再没有亲征到江南的，周王朝失去了对铜绿山铜基地的控制权，也就失去了源源不断的铜材，周王朝的国力从此日衰，周朝的青铜文化成就也就远远不如殷商时期。

四、马首是瞻

这个典故比喻服从某一个人的指挥或乐于追随某一个人。常写作"唯……马首是瞻"。

此典出自《左传·襄公十四年》："荀偃令曰：'鸡鸣而驾，塞井夷灶，唯余马首是瞻。'"

春秋时期，秦、晋两国虽有联姻，但为了各自的利益，却经常相互争斗。公元前558年夏天，晋悼公派元帅荀偃和栾黡（yǎn 演）率鲁、莒、郑、卫等国军队攻打秦国。军队到达泾水，诸侯的部队不愿意过河。晋国大夫叔向朝见鲁卿叔孙豹，并决定由叔向去准备船只。叔孙豹念了《匏有苦叶》这首诗中的一段，进行了动

鬼谷子

员。后来,鲁国、莒国的军队首先渡河。郑国的子蟜进见卫国的北宫懿子说:"亲附别人而自己不坚决,没有比这个更令人厌恶了,把国家置于何地?"懿子很高兴,于是两人去见诸侯的军队,劝他们渡河。军队渡过泾水以后,秦国人在泾水上游放了毒物,诸侯的士兵死了很多。郑国司马子蟜率领郑军前进,其他国家的军队也都跟上来了。联军开到秦国境内的棫(yù 玉)林,秦国仍不愿媾和。

五、下车伊始

"下车伊始"这个典故,旧时指新官刚上任,现在有时比喻刚到一个地方。

此典出自《礼记·乐记》:"武王克殷,反商,未及下车而封黄帝之后于蓟。"

商朝末年,由于商纣王暴虐无道,商王朝处于摇摇欲坠之中。在周族领袖姬发死后的第四年,姬发的儿子姬昌(周武王)乘商军主力在东南的机会,率兵车三百乘,虎贲三千人,会合西南的唐、蜀、羌、髳、微、卢、彭、濮等族攻伐商纣,经过孟津到达牧野(今河南淇县）。商军中的奴隶兵掉转武器，发动起义，周军占领了商都朝歌，纣王自焚而死，商王朝遂告灭亡。

在打到朝歌以前，周武王见自己胜利在握，就迅速分封了一些远古部落首领的后代：封黄帝的后代于蓟（今北京市附近）；封帝的后代于祝（今山东省泰安附近）；封帝舜的后代于陈（今河南省淮阳）。后来，又封夏禹的后代于杞（在今河南省杞县）。

因为在中国古代，被封的官都是坐释车上任的，所以新官上任后的文告中常用"下车伊始"表示刚刚到任。

六、猫祝鼠寿

"猫视鼠寿"说明对于敌人要认清其本质，不被一时的表面现象所蒙蔽。

此典出自《雅谑》。

有一只老鼠躲在瓶子中，猫捉不到它，就用胡须去拂掠老鼠的鼻子，老鼠因而打起喷嚏来。

猫在瓶子外面亲切地呼唤说："千岁！"

老鼠说："你这哪里是在为我祝寿？只不过是想把我引诱出来，吃我的肉罢了！"

 鬼谷子

七、明目张胆

"明目张胆"原指有胆有识,敢作敢为,但沿用下来,渐渐变成了贬义,形容公然作恶,无所顾忌,胆大妄为。

此典出自《宋史·刘安世传》:"初除谏官,未拜命,入白母曰:'朝廷不以安世不肖,使在言路。倘居其官,须明目张胆,以身任责,脱有触忤,祸谴立至。'"

宋朝时候有一个叫刘安世的人,字器之,考中进士后,由于学识渊博,因此深受宋王宠信。他性情耿直,非常讲信义,对事物的见解又相当精辟,不久,被宋王任命为谏议大夫。这是一个非常显赫的官职,该职负有批评皇帝言行的重任。刘安世被任命为谏议大夫之后,立即回家对他的母亲说:"宋王不因我的无能而摒弃我,反而委我做谏议大夫;儿子自知没有什么能力,但皇命不可更改,无法推辞,唯有好好的尽做臣子的责任,时时提醒皇上。毫不畏避的对待自己的职责,才是我应该做的事。今后侍奉母亲恐将有所怠慢,务请母亲原谅我!"刘安世做了谏议大夫后,果然耿直进谏,满朝文武都对他敬佩,当时有"殿上虎卒"的美誉。

八、莫须有

"莫须有"的意思是凭空捏造罪名。

此典出自《宋史·岳飞传》:"狱之将上也,韩世忠不平,诣桧诘其实。桧曰:'飞子云与张宪书虽不明,其事体莫须有。'世忠曰:'莫须有'三字何以服天下?"

北宋的时候,金兀术丢掉攻占的郾城以后,又连续几次被打败,伤亡很重,他就亲自率领拐子马上阵反击,想挽回残局,不料碰到岳飞的盾牌兵,败得更加惨重。金兀术一面仓皇逃命,一面痛哭流涕地说:"我这支百战百胜的精锐部队完了,一切希望都完蛋了。"岳飞乘胜追击,一口气打到朱仙镇。岳飞也对他的军士们说:"让我们挺进黄龙府,痛快地干杯!"

但是前方的胜利没有给岳飞带来任何好处。皇帝赵构和秦桧日夜担忧,害怕战事总有一天会失利,打了胜仗心里还战战兢兢,总想求和。所以,当岳飞准备渡河猛进的时候,赵构这些软弱无能、胆小如鼠的人担心祸根愈种愈深,先断绝了对岳飞的援助,然后强调孤军不宜深入。一天当中连用十二道金字牌召回岳飞,岳飞不

得已退守武昌。中原地方又被金人夺去了。

金兵只怕岳飞,现在见岳家军打了胜仗反而后撤,并且秦桧又接二连三地求和,于是兀术便叫人送信给秦桧,每一次都明确表态:"求和没那么容易,除非杀了岳飞,才有谈判可能。"秦桧知道赵构只求讲和,任何条件他都愿意依从。便安排御史罗汝楫等人在赵构面前参奏岳飞有阴谋叛乱的倾向,东拉西凑地编造用了"莫须有"——也许有的意思——三个字判定罪名,秘密地派人到牢狱里暗暗地处死了岳飞和岳云。岳飞死时年仅三十九岁。绍兴十二年正月和议成功,两国以淮河中流为界。南宋向金国叩头称臣,仰求金主封赐。

九、闭门种菜

"闭门种菜"比喻掩藏才能,不显示自己的抱负。也可用于慨叹人不得志。

此典出自《三国志·蜀书·先主传》。

刘奋刚起事时,曾一度因兵少将寡而被吕布打败,不得不忍气吞声,依附于曹操。曹操虽然对刘备以礼相待,情同手足,其实他上对刘备却非常不放心,时

第四章 抵巇

刻加以戒备和防范。曹操为人多疑，经常派自己的心腹暗中监视手下的将领，如果哪个将领同前来拜访的宾客一起饮宴，就会找借口处死他。刘备深知曹操的为人，为了免遭杀身之祸，就装作胸无大志的样子，天天关起门来，领着人种菜。曹操派密探来打探刘备的情况，密探走后，刘备对张飞、关羽说："我哪是一个种菜人？曹操一定在猜疑我，不能再待下去了。"当天夜里，打开后栅门，刘备与张飞等人轻装骑马，一起逃走了。

一〇、持重待机

"持重待机"比喻谨慎地等待时机。持重：稳重，不轻举妄动。

此典出自《晋书·宣帝纪》："时朝廷以亮（诸葛亮）侨军远寇，利在急战，每命帝（司马懿）持重，以侯其变。"

三国时，诸葛亮在建兴十二年（公元234年）率十多万大军出兵斜谷，与魏国争夺中原。魏国的军事统帅是后来被追尊为宣帝的司马懿。司马懿一向都畏惧诸葛

 鬼谷子

亮,这次见诸葛亮来势凶猛,更是心急如焚。当他知道诸葛亮屯兵五丈原以后,为了安定军心,便故意对将士们说:"如果诸葛亮从武功沿山往东,我没法不担心;如果从五丈原过来,大家可以放心。"当将士们得知诸葛亮果然屯兵五丈原时,便放心多了。为了消耗蜀军的力量,司马懿向将士们下了"只守不战"的命令。诸葛亮虽然带了充足的粮草,但这样长时间地相持下去也不是办法,于是便向司马懿挑战。

魏明帝曹叡知道诸葛亮远道而来,一定会急于求战,便命令司马懿要持重待变,不可轻举妄动。诸葛亮屡次挑战,司马懿都坚守不出。于是,诸葛亮派人给司马懿送去了一些妇女的衣服和首饰、脂粉,对其进行嘲弄。司马懿恼羞成怒,上书请战,明帝仍然不准许他出战。就这样对峙了三个多月,由于诸葛亮病死于军中,蜀军不战自退。

一一、洞见症结

"洞见症结"本来是指行医的人能明辨病症所在及病变的过程,专用在治病方面的术语。现用以比喻眼光

锐利,能够透过现象看到问题的实质。

此典出自《史记·扁鹊仓公列传》:"(长桑君)乃出其怀中药予扁鹊……扁鹊以其言饮药三十日,视见垣一方人。以此视病,尽见五脏症结,特以诊脉为名耳。"

相传春秋时,有一个叫长桑君的名医,与扁鹊(姓秦,名越人)交往十几年,扁鹊对他十分恭谨。长桑君把秘密的药方传给扁鹊,还将一包药物交给扁鹊,说:"你用天上掉下来还没有落地的水调药服用,连服三十天,便可替人治病了。"扁鹊按照长桑君的要求,一连服药三十天,果然出现了奇迹,他竟然能隔着壁看到隔壁的人;接着他专心研究医理,替人看病,只要接触病人,便能清楚辨别出病人的内脏里的患病部位。

一二、提拔赵括

赵惠文王死后,太子孝成王继位。赵孝成工七年(公元前260年),秦军和赵军在长平对峙,当时赵奢已经去世,蔺相如也病势沉重。赵王派廉颇率兵抗击秦军,秦军一再打败赵军,赵军加强防御,不再出垒应战,虽然秦军一再挑战,廉颇就是置之不理。赵王听信

了秦国间谍散布的谣言。秦国的间谍说:"秦国最忌讳最害怕的,就是马服君赵奢的儿子赵括担任赵军的统帅而已。"赵王因此用赵括为将,替代廉颇。蔺相如说:"大王仅凭名声使用赵括,就象是用胶漆黏住弦柱然后才去弹瑟一样啊。赵括这个人,只会念他父亲留下来的兵书罢了,并不能因时因势地随机应变啊!"赵王不听,还是任命赵括为将。

赵括从小就学习兵法,谈论起军事谋略来。就自认为天下没有谁能比得上他。他曾经与他父亲谈论用兵之法,赵奢难不倒他,但还是不承认他真正懂得用兵之道。赵括的母亲问赵奢为什么要这么认为,赵奢说:"战争,是生死悠关的大事,而括儿竟把它说得很容易;将来赵国不用括儿为将则罢,如果用了他,使赵国惨败的,就是括儿了。"等到赵括将要出发时,他的母亲上书给赵王,说道:"不能任用赵括为将。"赵王问道:"为什么呢?"赵括的母亲回答说:"当初我事奉他父亲的时候,他的父亲正担任太将军,他亲自奉进饮食而招待的人,有几十个;他以朋友般敬重的人,有几百人;大王及其国戚赏赐的财物,他全都分给士卒及谋士们享用。每当接到出征的命令,就从那一天开始专心谋划军

第四章 抵牾

机,不再过问家务。而如今,赵括才刚当上将军,立即就面向东方接受部下的拜见,军士们连抬头看他都不敢。大王赏赐的金钱玉帛,他全拿回家收藏起来,而且天天打听便宜的田地房屋,可以买的就买下来。大王认为他有什么地方比得上他父亲?父子二人的心思全然不同,希望大王不要派他去担任赵军的统帅。"赵玉说:"老夫人不要管这件事,我已经作出决定了。"赵括的母亲就说:"大王如果一定要派他去的话,他日后一旦有不称职的地方。我可以不连坐吗?"赵玉答应了她。

赵括一经取代了廉颇的职位,马上全部更改了原来的军令,撤换了军官。秦国大将白起听到这个情况,运用奇兵,假装败逃,断绝了赵军的粮道,把赵军分割成两部分,赵军军心涣散。四十多天里,赵军断粮挨饿,赵括派出精锐部队,亲自率领他们上阵搏杀。秦军射死了赵括,赵括的军队大败,几十万军队投降了秦国,秦军把他们全部活埋。赵国在长平之战中,前后共死了四十五万人。第二年,秦军就围困邯郸,一年多的时间里,几乎无法解脱。后来依靠楚国、魏国的援救,才得以解开邯郸之围。赵王也因为赵括的母亲有言在先,终于没有杀死她。

鬼谷子

一三、崔杼弑君

公元前548年,齐国又出了乱子。齐庄公被大夫崔杼杀了。《春秋》的记载很简略,就是一句话:"夏五月乙亥,齐崔杼弑其君光"。因为后来《左传》记录了这件事的来龙去脉,否则我们永远会有云雾之感。

这一年的春天,齐国对鲁国发动军事行动,领兵元帅就是崔杼。鲁襄公很担心,立刻禀告的晋国,大约是希望晋国施以援手。不过,鲁国的大夫孟公绰却不以为然,建议鲁襄公不要太担心。为什么呢?孟公绰说:崔杼马上就会有重大行动,他的心病不是我们鲁国,而是齐国。他一定急于赶回齐国,不会对鲁国形成危害。果然,齐国的军队没有什么有力的行动就撤回去了。

崔杼是齐国的权臣,他的心病到底是什么呢?这还得从头说起。齐国的一个大夫叫棠公,他去世的时候崔杼前往吊唁,为崔杼驾车的是东郭偃,而东郭偃的姐姐就是棠公的夫人棠姜。棠姜是个美人,崔杼一见钟情,立刻催促东郭偃为自己把棠姜娶来。东郭偃不同意,说

第四章 抵巇

我们是同姓，同姓是不应该结婚的。崔杼十分坚持，并且请人卜卦，也很吉祥。但是东郭偃认为卦象不吉祥，是克夫之象。崔杼说，要克夫，那么棠公已经被克了。反正，最后东郭偃拧不过崔杼，他姐姐还是进了崔杼的家。

崔杼强娶棠姜，好日子没过多久就出了麻烦，齐庄公也看上了棠姜，最终通奸成功。这一定是强迫的，崔杼面对国君如此，似乎也没有办法可想。但是，齐庄公也太不客气了，棠姜跟他在一起的时间，甚至比跟崔杼的时间还多。庄公经常光顾崔杼的家，谁都知道是来干什么的。有一次，他还把崔杼的帽子赐给了别人，虽然随从劝他，他也无所谓。庄公说：在崔杼的家里，把他的帽子赏赐给别人，比较方便，我又不是缺少帽子。这话说得很不清楚，经过后人的解释才多少明白了，原来他的行为是想表现出对崔杼的不在乎。

崔杼本来还是容忍庄公的，现在看见庄公反而要不容自己，他真的愤怒了。用我的人，用我的东西，还不把我当回事。崔杼决定报复国君，但是没有什么机会。最终，崔杼的机会还是庄公创造出来的。一个伺候庄公的人叫贾举，庄公莫名其妙鞭打他，不久又来亲近他。

贾举很愤恨,于是与崔杼联合起来,寻找机会杀掉庄公。

这年的五月,莒国国君来齐国访问,齐庄公在都城的北郭举行招待宴会。崔杼是重要大臣,但是这个重要的国事活动他却没有参加,据说是病了。齐庄公只好到崔府去探视崔杼的病情,这是君臣友好的证明。然而,齐庄公对于崔府再熟悉不过了,他说是探视大臣病情的,但是他更想见到的却是棠姜。他看见棠姜进了一个房门,赶紧跟了进去。他刚进门,贾举在后面便拦住其他人,关上大门。国君经常在这里出没,随从们也应该知道是怎么回事,所以没有人怀疑这次有问题。棠姜跟着崔杼从侧门出去了,庄公还作浪漫情调,一边轻叩门框,一边唱起歌来。他想告诉棠姜,他在这里。他的歌声引来的伏兵,全副武装的甲兵突然出现,庄公才发现事情不妙。他请求免死,不许。请求发誓结盟,不许。请求自杀,还是不许。他于是奔跑冲出,在爬墙的时候中箭,掉了下来,被大家乱刀砍死。

这一切,显然都是崔杼的计划。跟随齐庄公一起死的有好多人。很多人应该是闻讯赶来。晏子也是其中一

第四章 抵巇

位。这位著名的贤臣,站在崔杼家的门外,略作思考。他的随从说:追随国君而死吧。晏子说他不是我一个人的国君。那么,逃亡吧。晏子说:我没有过错,为什么要逃亡。国君如果为社稷死、为社稷亡,我应该追随,他为自己死亡,我又能怎样呢。最后,晏子推门而入,爬在庄公的尸体上,高声哭号,一副伤心的样子。崔杼都看在眼里,有人建议崔杼杀了晏子。崔杼说:他是民望,不杀他,可以得民心。

面对崔杼的大屠杀,很多人并不惧怕。掌管历史记录的大史堂而皇之地写下"崔杼弑其君"。崔杼毫不客气地把他杀了。大史的两个弟弟继续哥哥的事业,接着如此书写,又被崔杼杀了。第三个弟弟又站出来,继续书写。这次,崔杼不杀了。一个叫做南史的史官,听说崔杼连续杀死史官,准备好笔墨竹简,前往齐国宫廷。听说最后还是如实书写了,才中途返回。对于南史这些人而言,其实记录的不是历史,而是如实记录政治,危险性高是理所当然的。

崔杼立庄公异母弟为国君,是为齐景公。就在这一年崔杼与庆封争权,一家被灭,他的夫人棠姜和他自己都自杀而死。

鬼谷子

一四、韩王轻信谋臣

秦、韩两国在浊泽交战,韩国处境危急。韩相国公仲朋对韩王说:"盟国不可依赖。现在秦国一心想攻伐楚国,大王不如通过张仪与秦国讲和,赠给秦国一个大城邑,与他们联合,攻伐楚国,这是以一失来获二得的主意。"韩王说:"好。"于是派公仲朋出使,和西方秦国讲和。

楚王得知此事,非常害怕,就召来陈轸,告诉了他此事。陈轸说:"秦国老早就想攻伐我国了,现在又得到韩国的一个大城邑,以提供军费,秦、韩两国共同挥师南下,这是秦王在宗庙烧香祷告时都孜孜以求的事。现在有了这一机会,楚国一定要被攻伐了。大王您就听我的:为此警戒全国,宣布救援韩国,并派出亲信的使臣,多带些车辆,多装些钱币,使韩国相信大王救援他们。即使韩国不听从我们的,他也会感激大王,必定不会替秦国打先锋。秦国和韩国不友好了,秦兵虽然到了,楚国也不用太担忧。如果韩国能听从我的,而与秦国断绝友好关系,秦国必定大怒,

第四章 抵巇

深切地怨恨韩国。韩国以为得到楚国的援救,必定轻视秦国。轻视秦国,则对待秦国态度必定傲慢无礼。这样,我们就利用了秦、韩军队之间的矛盾,避免了楚国的祸患。"

楚王听后非常高兴,便警戒全国各地的军队,声称救援韩国,并派出可靠的使臣,配备很多的车辆,预备大量钱币,去对韩玉说:"我国虽小,但已出动全部兵力,希望大王放心大胆抵抗秦军吧,我国将拼死追随韩国。"

韩王十分高兴,便制止了公仲朋的秦国之行。公仲朋说:"不行啊。用实力来围困我们的,是秦国;以空洞的许诺救我们的,是楚国。凭借楚国空洞的许诺,轻率地与强敌秦国绝交,必定被诸侯们所嘲笑。况且,楚、韩两国并不是兄弟友邦,又不是平时约好共同策划攻伐秦国的。秦国要攻打楚国,楚国才声称出兵救援韩国,这必定是陈轸的计谋。再说,大王已经派人向秦国通知了雌备议和攻楚的事),现在又不去了,这是欺骗秦国。对强秦的危害掉以轻心,轻信楚国谋臣的话,大王一定会后悔的。"

韩王不听,于是和秦国解除盟约。秦国果然大怒,

又起兵于韩国在岸门大战。楚国的救兵不来,韩国被打得大败。

一五、善于观察的李庆

李庆喜好歌曲,善于观察时世的变化。皇帝经常猜忌骨肉,滕王纶等人都被废黜流放,只有李庆保全下来。又改任荣阳郡太守,很有政绩。

等到李密据守洛口仓,荣阳各县民众大多归附李密,李庆屯兵抵御把守,李密频频几次派兵攻打,终不能攻破。一年多后,城中粮食吃完,士兵的势头日益低落。李密便送信给李庆,信中说:

自从昏庸狂人继位,经历了数年时间,剥削民众百姓,天下遭涂炭。皇帝瑶台之华丽,没有极尽骄奢,糟丘酒池之荒诞,还不能称作淫乱。今天我们共举义旗,铲除凶残肆虐的人,四面八方同心同德,万里远的都来投奔。没有不是期待入关而灭秦,争相渡河来灭纣。东边到海、岱,南到江、淮,凡是他的地官之属,接受教化向往加入义举,唯独荣阳一郡,你独自坚守执迷不悟。微子,纣之元兄,家族实在要看重;项伯是籍的季

第四章 抵巇

父,这样的亲戚可是不远了。然而还离开朝歌而入周,背叛西楚而归汉。难道他们不眷恋宗祊、留连骨肉吗?一旦认识到宝鼎将要他移,知神器先改。而您的先代,家住山东,本姓郭氏,本不属杨族。只是因为昔日兴隋朝祖先有功德,于是才事先依附磐石,名在葭莩娄敬兴汉高,绝不是承继祖先的业绩,吕布对于董卓,确实不是亲近的人。芝焚蕙欢,事情不同于此。又加上王之昏主,心同豺狼,仇恨同胞,有越过沉、闶的,只有勇到了谅,都击乐器迎接在郊外的部队。何况您不属他族,怎么能自己保全!为大王您考虑,不如用城池来归附义军,打开城门奉送粮款,安稳如泰山,高枕无忧,长年享受富贵,也足以成为人们的美谈,至于您的子孙,也必定得到您的恩泽。

现在王世充数次被摧垮,自己救不了自己,偷生在晷漏,难道还能支撑多久?段达、韦津、东都自己很坚固,哪有时间去帮助别人?世充早上灭亡,段达晚上便会被消灭。再者江都荒湎,流浪漂泊忘了归队,内外崩离,人神都怨愤。上江运米的船只,皆被抄截,士兵饥饿,半点寂米都吃不到,事切析骸,义均煮弩。在骊山高举烽火,诸侯不至。在汉于行进的船只,到来的日子

没有期限。大王独自把守孤城,绝援千里,等待送粮食已经有一个多月了,破败的士兵之多,绝不下几百人。有什么可以凭借依靠,还想与我们抗衡!在市肆求得干鱼,这事情不虚假,凭借归雁来运送粮食,可不知什么时候有这种事。然而城中豪杰,都是大王的心腹,思虑杀死长吏,将要为我在里面打开城门。很恐怕祸生匕首,祸患生于萧墙,白白的用七尺之躯,来作为悬赏千金的赎品,真可说很寒心,可说是心酸流涕啊。请您能够三思,自求多福。

当时江都败局也定了,李庆得到信,于是降了李密,改姓为郭氏。李密被王世充攻败,又归还东都,再次改姓杨、越王侗不责怪他。等到侗建制,拜为宗正卿。

一六、不懂战争的宋襄公

僖公二十二年(公元前638年)冬十一月初一日,宋襄公率师和楚军在泓水展开战斗。宋军已经摆好了阵势,楚军还没有完全渡过泓水,子鱼说:"他们的兵多,我们的兵少,趁他们还没有完全渡过河来的时候,请下

第四章 抵牾

令进攻他们吧。"襄公说:'"不可以。"楚军已经渡过泓水还没有摆好阵势,子鱼又把这情况报告襄公。襄公说:"还不行。"等楚军摆好了阵势,然后才开始进攻。宋军大败。襄公的大腿受了伤,侍卫官全部被杀死。

宋国的人都责怪襄公。襄公说:"君子在战争中不再伤害已经受伤的敌人,不俘虏头发半白的人。古人作战,不靠在对方处于险境时与之作战取得胜利。我虽然是商朝的后代,也决不进攻还没有摆好阵势的敌人。"

子鱼说:"您不懂得战争。强大的敌人遇到险阻又没有摆好阵势,正是上天对我们的帮助。敌人遇到险阻而向他们进攻,不是很好的战机吗?即使这样,还怕不能够取胜呢!况且现在的强国,都是我们的敌人,即使是老头子,捉住了也不能放,有什么理由不抓头发半白的人呢?平时使战士认识什么是可耻的,教育战士勇敢作战,目的就是为了杀伤敌人。敌人受伤还没死,还可以和我们战斗,怎么不再给予打击呢?如果不忍再加伤害,那就不如一开始就不要伤害;如果不忍俘虏头发半白的敌人,就不如干脆认输,向敌人投降。军队就是要利用有利的时机行动,鸣金击鼓就是用来鼓舞士气。既然如此,那么趁敌人遇到险阻时进攻是可以的;既然金

鬼谷子

鼓的宏壮声音是用来鼓起士兵的战斗意志的,那么击鼓进攻那还没有摆好阵势的敌人也是可以的。"

一七、宫之奇谏假道

宫之奇是春秋时代虞国的大夫,又叫宫奇、宫子奇。宫之奇小时候曾由虞国的国君抚养成人,因此他同国君之间关系非常亲密。

春秋时代是个大变革的时代,其特征即表现在周王室衰微与各个诸侯大国争霸。晋国在春秋初年于诸侯国中地位很低,而且内乱不息。周僖王四年(前678年),晋武公消除内乱,统一了晋国。晋国统一后两年,武公死去,其子献公即位。在消除了内部各支族的威胁之后,晋献公就专力向外扩张开拓领土。

周惠王五年(前672年)晋献公灭骊戎(今在山西晋城沁水东)得二女作妾。周惠王十六年(前661年)建立上下两军,献公自领上军,太子申生领下军。同年晋灭耿(今在山西河津界汾水南)、霍(今在山西霍县)、魏(今在山西芮城)三国。第二年命太子申生攻灭狄人东山皋落氏(今在山西曲沃东)。周惠

第四章 抵巇

王十九年（前658年），晋献公命里克荀息率兵攻打虢国（今在河南陕县三门峡）。晋国要攻虢国必须要经过虢北面的虞（今在山西平陆），荀息让晋献公用屈地产的良马和垂棘璧向虞君借道，以使晋军通过虞地攻虢国。虞君十分贪财，收下礼品后一口应允，宫之奇怎么劝说虞君也无效，晋军很快攻下虢国重镇下阳（今在山西平陆东北）。

三年后，晋国再次向虞君借道，大夫宫之奇极力劝阻，他说，万万不能借路，虞国与虢国的关系就像是人的牙齿和嘴唇的关系一样，欲话说"唇亡齿寒"，没有嘴唇，牙齿就要受冻，虢国如果灭亡了，虞国一定也很难生存，必会跟着灭亡的。虞君又不听，仍让晋国军队通过。宫之奇便带着族人向西山（虞国西界）出走。晋国攻下虢国都城上阳（今在河南陕县南），灭掉虢国。在返回的路上，晋国顺道将毫无准备的虞国灭掉了，虞君与大臣百里奚等人统统作了俘虏。荀息从虢国来到虞君的宫中，取出了垂棘璧；在虞君的马厩中牵回千里马，带回晋国交给晋献公，晋献公看到很高兴，他开玩笑说道，马还是我的马，只不过多长了几颗牙齿而已。

鬼谷子

虞君没有听从大夫宫之奇的劝告，成了亡国之君。晋献公则消灭了其周围的一系列国家，晋地西到黄河与秦国相连，西南到今黄河三门峡一带扼有桃林塞险关，南到今山西河南交界地，东至太行山麓，北与戎狄接壤，成为北方的一个大国，到晋文公时，成了各诸侯的霸主。

一八、不知所终

"不知所终"说明不知下落或下落不明。

此典出自《后汉书·逸民列传》："于是遂肆意，与同好北海禽庆俱游五岳名山，竟不知所终。"

东汉时，河南穷苦的读书人名向长。他家境贫寒，经常上顿不接下顿。好心的乡亲们经常接济他。

一天，邻居送给向长一斗米，向长只留下两升，其余的又还给了邻居。邻居问他说：

"向长呀，这米是送给你家的，为什么不全部收下呢？"

向长回答说："够吃几天就行了，我觉得一个人还是穷一些好，穷比富好啊！"

第四章 抵牾

邻居不明白他的意思,只好摇头。

向长对《老子》和《易经》这两部书,读得非常透彻,能够成章成节地背诵下来。乡里人都觉得他有很大的学问,就劝他去做官,然而向长总是微笑着说:

"我这个人是做不得官的呀,我是一个山野中的人!"

有一次,王莽的大司马王邑向朝廷推荐向长,他对王莽说:"河南的隐士向长精通周易,学问不浅,能够为您效力呀!"

"好吧!快派人把他请来吧!"

但是向长却婉言拒绝了。

乡里人对他的行为很不理解,就问他:"到朝廷做大官,有权有势,金银满车,你怎么不去呢?你难道是傻子吗?"

向长含笑不语,老半天才吐出一句话:

"我认为,人的地位显贵还不如地位低贱的好!"

乡亲们都笑他说:"你一定是学问太深了,越学越糊涂了……"

"不,不,"向长一本正经地说,"我的学问还不够,到如今我还弄不清楚,是死了好呢,还是活着好些……"

从那以后,乡里人都把他当成一个怪人,没有人再与他来往了。

后来乡里人听说,向长的儿女们长大成家立业后,向长就和他的几个老朋友,去泰山、衡山、恒山、嵩山、华山旅行,几年之后就没人知道他的下落了。

一九、藏舟藏山

"藏舟藏山"形容天地自然运行,其势不可遏止。

此典出自《庄子·大宗师》:"夫藏舟于壑,藏山于泽,谓之固矣。然而夜半有力者负之而走,昧者不知也。藏小大有宜,犹有所遁。若夫藏天下于天下而不得所遁,是恒物之大情也。"

这段话意思是说:

把船藏在海边岩壑里,把山藏在大泽中,自以为非常牢固了。但是在夜半之时,大地的造化仍在默默地运行变迁。如同一个强有力者把船移走,把山运走,只不过愚昧的人不知道罢了。无论是藏小的东西,还是藏大的东西,大小虽异而藏皆得宜,无法制止它的变化,想躲避这个变化是不可能的。当然,如果说把天下藏在天下,不会发生变化,那是自然的。因为把天下藏在天下,就谈不上藏了。而这种不藏,正是万事万物常存的大情理啊。"

二〇、曹商得车

"曹商得车"讽刺那种为了牟取私利,便不择手段,什么卑鄙下流的勾当都能使出来的人。

此典出自《庄子·列御寇》。

有一个宋国人,名叫曹商。

一次,他受宋王派遣,出使秦国。临行前,宋王赐他几乘车马。到了秦国,他深受秦王喜欢,于是秦王又赠他百乘车马。

曹商返回宋国,见到庄子,得意洋洋地说:"当年住在穷街陋巷,穷困潦倒,编鞋度日,面黄肌瘦,这是我的短处。如今一旦凭三寸不烂之舌,打动万乘之主,受赠车马百乘,这是我的长处。"

庄子听了,讥讽道:"我听说秦王生了病,让医生诊治,论功行赏:吸脓吃疮的,可得车马一乘;舌舐痔疮的,得车马五乘。以此类推,治的病越肮脏,得车马

鬼谷子

越多。可能您是为秦王舐过痔疮吧,不然的话,您为什么得到那么多车马呢?您还是走开吧。"

二一、草书大王

"草书大王"这个故事讽刺了自以为是、文过饰非的人。

此典出自《冷斋夜话》。

张丞相喜欢写草体字,但功夫不到家,乱写一通。人们都讥笑他。他却不以为然。有一天,他得到佳句,便要来纸笔,急忙写出,满纸龙飞蛇舞。写后,叫他的侄子誊写。誊到笔画乖僻的地方,侄子迷惑地停下笔来,拿着草稿去问他说:"这是什么字?"张丞相认真地辨认了很长时间,自己也不认识,反而责怪他的侄子说:"你为什么不早些来问?我都忘记了。"

二二、差强人意

"差强人意"原指还算能振奋人心,后用来表示尚能让人满意。

第四章 抵巇

此典出自《后汉书·吴汉传》:"吴公差强人意,隐若一敌国矣!"

东汉光武帝刘秀时,外乱为患,汉兵讨伐,也是屡屡失败。当时许多将官见到这种情形,都惊慌失措;光武帝看见他们这么慌张,心里有点动摇。沉思良久,忽然想起了名将吴汉,觉得他还挺有胆略的,于是派人去看看吴汉的情况如何。不久,那人回来向光武帝回报道:"大司马吴汉,现在正在那里督率部下修理战具武器!"光武帝考虑了一会,觉得吴汉比那些酒囊饭袋毕竟还是强一些的,不由得赞叹着说:"吴公还是可以振奋人心的。"

二三、宇文述判谋反

李浑字金才,是李穆的第十个儿子。他长得魁梧伟岸,有着漂亮的须髯。早先为北周左传上士。尉迥在邺造反时,李穆正在并州,高祖担心他被尉迥诱惑,派遣李泽乘着驿车去陈述衷情。李穆立即命令李浑进京,送熨斗给高祖说:"希望利用权威安定天下。"高祖非常高兴。又派遣李浑到韦孝宽住所讲述李穆的心

意。恰好碰上平定邺，因功授上仪同三司，封为安武郡公。开皇初年，进授象城府骠骑将军。晋王杨广到潘地去，李泽以骠骑率领亲信跟随前往扬州。仁寿元年（公元601年）跟随左仆射杨素担任行军总管，到夏州以北三百里的地方，在纳远川打败突厥阿勿侯斤，杀死五百人。进位大将军，授官左武卫将军，兼任太子宗卫率。

当初，李穆的孙子李筠去世，高祖商议替他确立继承人，李浑谋划着想要继承李穆，对他的妻子的哥哥太子左卫率宇文述说："如果得到袭封，就每年把国赋的一半送给你。"宇文述认为有利可图，就进去禀告太子说："确立长子做继承人，不这样就确立贤明的做继承人。现在申明公的继承人死了，全面观察他的子孙，都没有才能，不能倚仗，不足以承受荣宠。只有金才对国家建有功勋，除了这个人，没有能够继承封邑的了。"太子答应了他，向高祖禀奏。高祖封李浑做中国公，来侍奉李穆的后嗣。大业初，李泽转任右骁卫将军。大业六年（公元610年）高祖下诏追改封李穆做郇国公，李浑仍旧继承了这个封号。接着担任光禄大夫。大业九年（公元613年）迁任右骁卫大将军。

第四章 抵巇

　　李浑继承父业以后,渐渐变得豪华奢侈,妻妾成群。二年之后,不再送俸物给宇文述,宇文述十分怨恨他,由于喝醉了酒,于是对他的朋友于象贤说:"我竟然被金才出卖,到死也不会忘记!"李泽知道了这句话,因此两个人结下了怨仇。后来隋文帝攻打辽东,有个叫安伽陀的方士,自称通晓图谶,他对隋文帝说:"当有李氏应为天子。"他劝说文帝杀尽全国凡是姓李的人。宇文述知道这件事后,就在文帝面前诬陷李浑说:"安伽陀的话,确实有迹象了。我和金才一向亲近,发现他的情趣非常奇特。平时他经常与李敏、善衡等在一起日夜密谈,有时整个晚上不睡觉。李辉是大臣,家族历代兴隆强盛,他自身统率着禁兵,不应该象这样。希望陛下考察。"文帝说:"你说的这些,能够找到证据么!"宇文述于是派遣武贲郎将裴仁基上表揭发李浑谋反。文帝当天让宇文述带领宿卫一千多人,搜查李浑等的家族,派遣左丞元文都、御史大夫裴蕴共同审理这个案子。审问多日,没有得到李浑谋反的供状,按实际情况报告给文帝。文帝不接受他们的审理结果,重新派宇文述亲自审理这个案子。宇文述到监狱去,召出李敏的妻子宇文氏,对她说:"你是皇帝的外甥女,哪里用得着

担心找不到好丈夫！李敏、金才，他们的姓名和妖谶相符，国家要杀死他们，已无法挽救了。你应当自己想法保全自己。如果说一些话，自身就不会受牵连。"李敏的妻子说："不知道说什么，请您指教。"宇文述说："你可以说李家谋反，金才曾经告诉李敏说：'你应验了图谶，应当做皇帝。现在皇上喜欢打仗，劳拢百姓，这也是上天要灭亡隋的时候，正当与你共同夺取天下。如果再次渡过辽河作战，我和你一定担任大将，每军有二万多人，合在一起就有五万人了。同时发动各房子姪，内外亲戚，全部招募起来跟随出征。我们家族的子弟，一定担任主帅，分别率领兵马，分散在各军里，等候空隙，首尾相应。我和你先发动，袭取御营，子弟响应，各自杀死所在军队的军官，一天之内，全国足以安定了。'"宇文述亲口传授，让李敏的妻子写表上奏，封面上注明"上密"。宇文述拿着李敏妻子写的表上奏皇帝说："已经得到金才谋反的供状，并且有李敏妻子写的密表。"文帝看后哭着说："我的宗社几乎倾覆，依靠亲家公而得以保全。"于是杀了李敏、李浑等宗族三十二人，其余无论老小，全被流放到五岭山脉以南地区。

二四、孟尝君养士

　　战国四大公子之一的齐孟尝君,姓田名文,父亲是齐国名臣,靖郭君田婴。齐缗王时,田婴被封于薛。当初,田婴有四十多个儿子,他的贱妾生了个儿子,取名叫文,是五月五日这天出生。田婴知道后,告诉田文的母亲说:"把这个孩子扔了。"田文的母亲不干,偷偷地把田文养了起来。等田文长大后,母亲借着田文其他兄弟见田婴的机会,让田文去见了田婴。田婴知道此事后,十分恼怒,对田文的母亲说:"我让你不要养活这个孩子,你居然敢养活他,为什么?"田文向田婴磕头说:"你为什么不让养活五月出生的孩子呢?"田婴说:"五月生的孩子长到和门一样高的时候将对父亲不利。"田文问:"人生是受命于天呢?还是受命于门户呢?"田婴一听,不知该怎么回答。田文说:"如果是受命于天,您还担忧什么呢?如果是受命于门户,把门户做得高一点就是了。谁能长到和门户一样高呢?"田婴说:"不要说了。"就不再追究此事。过了不久,田文瞅机会问父亲田婴说:"儿子的儿子叫什么?"田婴说:"叫孙子。"

"孙子的孙子呢?""叫玄孙。""玄孙的孙子叫什么呢?"田婴说:"我不知道。"田文说:"你在齐国掌政为相,已历三个王了,齐国土地没有加宽,您的私家却富累万金,门下又看不见一个有才能的贤人。我听说将门必有相。如今您后院的姬妾穿戴丝罗,士人却连短褐也不穿不上。仆夫下人吃剩下的肉堆成堆,士人却吃糠咽菜。现在您还积聚钱财,不知道是想留给什么人。公家的事情您都忘了去干。我感到很奇怪。"田婴一听,觉得田文很有头脑,这才对田文好了起来,让田文主持家务,接待宾客。田家的宾客也越来越多,名声闻于诸侯。诸侯都派人请田婴把田文立为继承人,田婴答应了。田婴死后,田文果然继承了田婴在薛的封地,是为孟尝君。

孟尝君在薛,设法招致从各诸侯国来的士人,连一些流亡的或犯了罪的人都投到孟尝君的门下。孟尝君拿出全部家产招待他们,所以,天下之士皆为孟尝君所吸引,食客达到几千人。他们不论高低贵贱,一律和孟尝君平等而处。宾客来的时候,孟尝君在前厅坐着和宾客谈话,屏风之后专门有人负责记录谈话内容,家住哪里,亲戚在什么地方。客人一走,孟尝君便派人按记录去慰问客人的家人和亲戚,以此来招揽人心。一次,孟

第四章 抵巇

尝君在晚上招待客人吃饭，一个客人坐的地方被东西挡住了，看不见光亮。这个客人大怒，认为招待自己的饭和别人不一样，没吃完就起身离去。孟尝君连忙站起来，亲自端着饭碗和客人的饭相比较。这个客人见自己错怪了孟尝君，非常羞惭，就拔剑自刎了。从此后，投到孟尝君门下的士人就更多了。孟尝君一律平等地对待他们，他们人人都觉得孟尝君对自己亲近。秦昭王听说了孟尝君贤能的名声，便先派泾阳君到齐国去当人质，然后要求会见孟尝君。孟尝君准备到秦国去，宾客们没一个愿意让他去，但怎么劝孟尝君也不听。

苏代（苏秦的弟弟）对孟尝君说："今天早上我从外面来，见到一个木偶人和一个土偶人在一起说话。木偶人对土偶人说：'天要下雨，你就要完蛋了。'土偶人说：'我是泥捏的，坏了以后重归于土。可天一下雨，还不知要把你漂到哪里去。'如今秦国是虎狼之国，而您却想去，如果回不来，难道不被土偶人所笑吗？"孟尝君听了这话，便没有去。但周赧王十六年，孟尝君还是去了秦国。到秦国后，秦昭王即任孟尝君为秦相。有人对秦昭王说："孟尝君很有才干，又是齐国公族。如今在秦国为相，必然先考虑齐国，后考虑秦国，这样秦

鬼谷子

国就危险了。"于是，秦昭王便撤了孟尝君的职，并把他关押起来，准备杀了他。孟尝君暗中派人去找秦昭王所宠幸的姬妾求情，这个宠姬说："给我孟尝君的狐白裘（用狐狸腋下白毛皮做成），我便去给孟尝君求情。"当时，孟尝君有一件狐白裘，价值千金，天下无双。可在他到秦国来的时候，已经把这件狐白裘献给了秦昭王。因此孟尝君十分着急，问手下的宾客们有什么好办法，宾客们没有一个说话。最下坐的一个能为狗盗的人站起来说："我能得到狐白裘。"他晚上趁着黑夜装成狗潜入秦宫之中，把孟尝君献给秦昭王的那件狐白裘偷了出来，孟尝君立刻把狐白裘献给了秦昭王的宠姬。宠姬向秦昭王求情，秦昭王下令释放了孟尝君。孟尝君被释放后，怕久而生变，连忙带着人改名换姓，向东奔跑，在半夜的时候，到达了函谷关（今河南灵宝北）。秦昭王放了孟尝君后，又后悔了，派人召孟尝君，却发现孟尝君逃走了，急忙派人追赶。孟尝君他们到达函谷关后，却出不了关。按照秦国的法律，每天要等鸡叫时才放来往行人出关。孟尝君见关门紧闭，急得团团转，生怕被秦昭王派的人追上。孟尝君居于下坐的门客中有一个人能学鸡叫。他急中生智，学起了鸡叫。别的鸡一听，以为时辰到了，也跟着鸣叫起来。这样守关的人才开关放行。孟尝君一行出关不到一顿饭功夫，秦昭王派的人便追到了函谷关。他们见孟尝君已经出关逃走，便转回秦国了。当初，孟尝君把为狗盗和学鸡叫的这二人列入宾客的行列中，宾客们都很瞧不起这两个人，等孟尝君在秦国有了危难，却终于是这两个人救了他。

从此之后，宾客们都非常佩服孟尝君善于招揽人才。这便是当时"士"这个阶层在社会上的活动典型。以后，孟尝君的许多危难，都是这些"士"们帮助了他。

二五、李渊谦卑示敌

李渊起兵之后，李密依仗自己的强盛，想自为盟主。便致书称李渊为兄，请联合起来消灭隋朝，大体上说想与李渊在盟津会盟，杀殷纣王于牧野，捉秦王子婴于咸阳，目的就是想要杀掉被群臣拥立的越王杨侗和李渊立的代王杨侑李渊看着李密的信笑了笑说："李密蹦跳着很放肆，无法给他分析道理。我现在正在安抚京师，来不及向东征讨，如果同他关系闹僵，就是又多出

鬼谷子

来一个敌人。李密现在正好可以为我挡住东都洛阳的兵锋,守住成皋的要害,想要找到韩信、彭越这样的人物,还不如就用李密呢。应当对他谦虚并夸奖他,使他更加骄傲,不对我们有所戒备。待我入关之后,占据蒲津而屯驻永丰,阻隔崤、函而兵临伊、洛,那我们的大事就成了。"命令大将军府记室参军温大雅写信告诉李密说:

"近来,昆山火烈,海水翻腾,赤县变成废墟,百姓涂炭。不管布衣士卒还是村野农夫,都纷纷起来争霸图王。在庄严的东都洛阳,已被强兵围困,肥沃的周原,尸横遍野。君主南巡,再也不想回来;匈奴在北境正气焰嚣张,想要南下侵占伊川。在上的君主不操心,在下的群臣只好瞠目结舌,导致大盗移国,无人敢指。忽然到了这个地步,留下了一帮皇亲国戚,本来七百年的基业,到二世就完了。自北周、北齐以上,自有文字记载以来旧家的沦亡,没有像这样残酷的。上天生下这么多黎民百姓,就一定会有来统治的人,而当今能够统治天下的,除你之外又还有谁呢?老夫年老知命,没有这么大的愿望,欣喜能够拥戴你这位伟大的弟弟,攀龙附凤。只希望早点应了图谱上的话,以安定天下百姓。

第四章 抵巇

同宗作盟我为年长，但愿着在同宗的份上予我宽容；只要能够再封为唐公，我就知足了！杀殷纣王于牧野，这是我不忍说的；捉子婴于咸阳，更是不敢听命。汾、晋左右之地，尚且须加安抚，盟津会盟，还来不及确定日期。现在皇上尚在南巡，恐怕会造成西晋时的永嘉之乱，回头看看当今的中原，您已取得优势，让我为之感叹，同时也心感内疚。略知你的动静，却迟迟没有向你报告消息，未曾当面诣拜，却增加了你的劳苦。你现在在名利之地纵横驰骋，在这种近阶承檐之地应当十分慎重，最终完成大业。"

李密收信后非常高兴，出示给部下说。"唐公推让，天下的安定就不足为忧了！"于是不防备李渊的部队而一心对付王世充。

二六、避实就虚的徐达

1368年，朱元璋在应天即皇帝位，年号为洪武。任命徐达为右丞相，兼太子少傅。副将军常遇春攻克东昌后，徐达与他在济南会师，并平定了乐安地区的叛乱。率军退回济宁，驾船沿黄河逆流而上，进逼汴梁，元朝

鬼谷子

守将李克彝弃城逃跑,左君弼、竹贞等投降。于是,从虎牢关西进,攻入洛阳,与元朝将领脱因帖木儿在洛水北岸会战,将其击退。梁王阿鲁温宣布河南投降,于是徐达率军相继占领了嵩、陕、陈、汝等州,直捣潼关。守将李思齐逃往凤翔,张思道逃往鄜城。徐达入关后,攻克华州。

捷报传来,朱元璋亲临汴梁,召徐达到住处,设宴款待他,并讨论北伐战略。徐达说:"我军占领齐鲁地区,横扫黄河、洛水一线,而元将王保保却还在徘徊观望;我军现已攻克潼关,李思齐等人仓惶西逃。可见元朝气数已尽,如果我们乘胜前进,直捣元朝大都,必会所向披靡,不战而胜。"朱元璋说:"不错。"徐达又提出:"如果我们攻克元大都,而元皇帝逃往北方,我是否应穷追不舍?"朱元璋说:"元朝国运衰微,就要自行灭亡了。所以用不着我们去追击。你追击元人出塞之后,只要守住边疆,防御他们进犯就可以了。"徐达接受了这个指示,便与副将军常遇春在河阴会师,派部下兵分几路,出兵黄河以北地区,接连攻克卫辉、彰德、广平。大军进至临清,派傅友德开通陆路,保证步兵、骑兵通行,又派顾时疏浚河道,保证水师通行,一切准

第四章 抵巇

备就绪，率军北伐。常遇春已攻克德州，徐达与他会合直取长芦，扼守住直治，建造浮桥，使大军通过。水陆两路同时出击，在河西务大败元军，攻占通州。元顺帝带着后妃和皇太子向北方逃去。过了一天，徐达在大都齐化门外布署军队，填平护城河，登上城墙。元监国淮王帖木儿不花、左丞相庆童等人拒不投降，徐达将其处死，别的人则一概不予过问。查封了皇家仓库，登记宫中所藏图书宝物，下令指挥张胜率千余士兵把守宫殿大门，又下令官中宦官保护、看守后宫美女，严禁士兵抢掠、欺辱。所以大都城内百姓安居如故，市场上的交易也照常进行。

捷报传到，朱元璋下令将元大都改作北平府，设置六个卫所，派孙兴祖等为留守，徐达、常遇春则率军西进，攻占山西。常遇春先攻克保定、中山、真定等地，冯胜、汤和攻下怀庆，并已越过太行山，攻取了泽州、潞州，徐达率大军随后进入山西。当时扩廓帖木儿正率军出雁门关，想经居庸关进攻北平。徐达听说后，与将领们商议："扩廓率大军在外，太原必然空虚，而北平有孙光祖都督防守，完全可以抵御敌人。我们应该乘敌人没有防备之机，直捣太原，这样扩廓主力进不能取

胜,退又无以防守,这就是兵法上所谓避实就虚的战术。如果扩廓帖木儿率主力回援太原,我们便与之决战,消灭他的军队。"将领们说:"很好。"于是徐达率军直扑太原。扩廓行至保安,听说明军扑向太原,果然回师救援。徐达选择精兵趁夜色突袭其军营,大败元军。扩廓仅带十八人逃走,元军投降,明军占领太原。乘势北上,攻占大同,又分兵几路夺下仍被元军占领的州县。很快,占领了整个山西。

二七、遭陷害的李善长

明太祖三年(1370年),大封功臣,太祖朱元璋说:"李善长虽然没有建立军功,但他长期追随我,保证军队的后勤供应,功劳很大,应该对他重赏。"便授予他开国辅运推诚守正文臣、特进光禄大夫、左柱国等衔,又任命他为大师、中书左丞相,封韩国公,每年俸禄四千石,并且子孙世代承袭。赐给他铁券,凭此铁券自己可免予追究两次死罪,儿子可免予追究一次死罪。当时与李善长同时被封为公爵只有徐达、常遇春之子常茂、李文忠、冯胜、邓愈等共六个人。而李善长名列首

第四章 抵巇

位,皇帝的诏书中将他与汉代的萧何相提并论,评价很高。

李善长表面上待人宽容、平和,内心则比较计较、刻薄。参议李铁冰、杨希圣等对李善长稍有冒犯,他便将其治罪罢黜。曾与中丞刘基为司法问题发生争执,他理亏,刘基得罪了李,很不自在,请求离职回家。太祖所任命的张昶、杨宽、江广洋、胡惟庸都触犯了太祖,只有李善长还得到太祖的信赖。他享尽荣华富贵,流露出骄纵的迹象,太祖略微有些不满。洪武四年,他因病退休,太祖赐给他若干顷土地,拨给看坟民户一百五十户,赐给佃户一千五百家,仪仗用士兵二十家。过了一年,疾病好转,太祖命他负责建筑临濠宫殿。把江南十四万户比较富裕的人家迁徙到濠州,由李善长负责安排,所以在濠州滞了几年。洪武七年,李善长的弟弟李存义被提拔为太仆丞,李存义之子李仲、李伯也都被地方官提升。洪武九年,太祖把临安公主嫁给李善长的儿子李棋,封之为驸马都尉。刚定婚那阵,公主严格地遵守妇女的道德规范。李家可谓显赫一时,当时的人无不羡艳。李棋娶公主一个月后,御史大夫江广泽、陈宁上书太祖说:"李善长因备受宠信,所以放肆骄横,陛下

生了十天病,不能上朝了,他也没来问候一下。驸马都谢李棋接连六天不来上朝,被召来上朝,也不承认错误,这是大不敬的罪行。"因此,削减了李善长一千八百石的俸禄。不久,太祖命他与曹国公李文忠主管中书省、大都督府、御史台,一起负责处理军国大事,并督建圜丘。

　　胡惟庸开始是宁国知县,后得到李善长推荐,担任太常少卿,后升为丞相,因此,和李善长互相往来密切。而李善长的弟弟李存义之子李佑,是胡惟庸从女的丈夫。洪武十三年,胡惟庸因谋反罪被处死刑,被株连的人很多,李善长则纹丝未动;御史台中丞空缺,太祖命李善长处理御史台事务,对好几件提出了意见。洪武十八年,有人向太祖报告说李存义父子实际上是胡惟庸的同伙,太祖下诏免他一死,软禁在崇明岛。李善长却未向太祖表示谢意,太祖怀恨在心。又过了五年,李善长已七十七岁,年老昏庸,无法约束下属、子弟。他准备给自己修建私邸,从信国公汤和处借用了三百名士兵,汤和偷偷报告了太祖。四月,京城中有许多人因犯罪将被流放到边境地区,其中有李善长的亲戚丁斌等,李多次为其求情。太祖大怒,审问了斌,丁斌以前曾在

第四章 抵巇

胡惟庸家干活,于是供出李存义过去和胡惟庸相互勾结的情况。太祖下令逮捕李存义父子,严加审讯,供词中牵连到李善长,说:"胡惟庸产生了谋反念头后,派李存义去引诱李善长,李善长怒喝道:'你在说什么呢?让人知道,这是株连九族的重罪!'此后,胡惟庸又派李善长的老朋友杨文裕去劝服他说:'事成之后,会把淮西地区分封给你。'他很吃惊,没敢答应。但已有点动心。于是胡惟庸亲自出马劝说李善长,李仍不答应。过了很久,胡惟庸又派李存义去做工作,李善长叹道:'我老了,我死之后,你们爱干什么干什么吧!'"又有人告发李善长的罪行:"将军蓝玉北出边塞,到捕鱼儿海,捕获了胡惟庸派去与北方沙漠中蒙古人勾结的使者封绩,李善长却压下没有报告皇上。"趁此机会,御史们纷纷上书弹劾李善长。李善长的家奴卢仲谦等也告发李善长与胡惟庸关系密切,经常在一起嘀咕。罪名已基本拟好,大致说李善长身为开国元勋、朝廷重臣,明知有人谋逆,却拒绝告发,狐疑观望、首鼠两端,大搞两面派,可谓大逆不道。恰好当时星象剧变,占卜结果是应撤换大臣。于是太祖下决心将李善长及其妻子女儿、兄弟侄子等一家七十余口全部处死。吉安侯陆仲亨、延

安侯店胜宗等都已在胡惟庸一案中被株连处死,连已去世的营阳侯杨璟、济宁侯顾时等也被株连。太祖亲笔书写诏书列举李长善的罪状,并将其狱中供词和他人供词编辑为《昭示奸党三录》,颁布天下。李善长之子李棋与公主徙居江浦,在那里去世。李棋之子李芳、李茂由于其母亲系公主,免于追究。李芳任留守中卫指挥,李茂为旗手卫镇抚,取消其世袭之职衔。

李善长被处死的第二年,虞部郎中王国用对太祖说:"李善长曾与陛下同心同德,出生入死,辅佐陛下夺取天下,论功是大臣中的第一位,李氏一门;活着的人封为公爵,死了的人被封为王,儿子娶了公主,许多亲朋好友当了官,做为巨子,荣华富贵已到了极点。如果说他想自己图谋不轨,篡夺政权,还有一点可能,现在却说他想帮助胡惟庸篡权,则大谬不然,没人会信。一般人对他的儿子的爱总是超过对其侄子的爱;已经在平静地享尽人臣所能享受的荣华富贵的人,肯定不会痴心妄想去想望享受天子之富贵。李善长与胡惟府之间的关系相当于孩子与亲戚,他与陛下的关系,则相当于亲生父母与孩子的关系。即使李善长辅佐胡惟庸篡权成功,也不过是开国元勋,被封为太师、国公、王侯而

第四章 抵巇

已,他的儿子娶公主、女儿被纳为皇妃而已,和现在相比,还能增加什么呢?况且,以李善长之智谋,难道会不知道天下并不是投机取巧可以夺得的。元朝末年,想成就帝王之业的有多少人?然而无不身败名裂,就是能保全性命的又有几个人呢?李善长亲身经历过这个时期,怎么会在年老体衰之时去蹈此覆辙?大凡干这种事情的人,肯定是同陛下有深仇大恨,迫不得已,犹如父子之间某个人由于某种原因而发生激变以求摆脱灾祸一样。现在李善长的儿子李棋是陛下的乘龙快婿,陛下与他之间没有任何个人恩怨,他为什么要冒险做这种事?如果说是天象发生灾异性变化,有个大臣应承受这场灾异,所以就杀了他以回应天上的灾异,这尤其荒唐。我担心天下人听说后,会说象李善长这样有丰功伟绩的人,下场尚且如此悲惨,那我们就会丧失人心,国家就会失去合法性。现在李善长已经死了,我说了也没用了,我只是希望陛下把这件事引以为戒,不要再犯这样的错误。"太祖看了他的奏章,也没有怪罪他。

 鬼谷子

抵巇第四

自天地之合离终始①。必有巇隙②，不可不察也。察之以捭阖③，能用此道，圣人也。

圣人者，天地之使④也，世无可抵，则深隐而待时，时有可抵，则为之谋。可以上合，可以检下。能因能循，为天地守神。

【注释】

①合离终始：合离，指事物的结构。终始，指事物的过程。

②必有巇隙：万事万物的结构与过程中，矛盾普遍存在。

③察之以捭阖：要用捭阖术来观察分析万物。

④天地之使：天地的使者。

第四章 抵巇

【译文】

自从天地形成以来,变化发展,从而出现缝隙,不可不慎重观察。因此要用捭阖之术去明察世道。善于运用这种方法的人,就是圣人。

圣人,是上天派来的使者,假如世上没有漏洞,没缝隙可堵时,就深深隐藏等待时机;一旦有漏洞,需要堵塞时,圣人就挺身而出为国家出谋划策。圣人可以抵塞缝隙,配合明君,辅佐他治理天下;也可以抵而得之,把天下归为己有。圣人能够运用遵循这个道理,是天地之间的守护神。

【感悟】

鬼谷子认为,圣人是上天派来的使者,能够努力地将国家即将出现的裂缝弥补起来,不给人民带来灾难,这就是圣贤之人的使命。

【故事】

一、不贪宝玉的子罕

乐喜,字子罕,春秋时宋国的贤臣。于宋平公(前575年—前532年)时任司城(即司空,因宋武公名司

鬼谷子

空,改名为"司城"。主管建筑工程,制造车服器械,监督手工业奴隶),位列六卿。

春秋时,宋国有个人在山上开凿石料的时候,发现了一块宝玉。他非常高兴,便兜着它回家,请一个玉工来加以鉴别,玉工仔细看了后,赞不绝口地说:"这块玉好极了,没有一点毛病,是个宝贝啊。不过你得小心,别在人家面前露眼,让人家把它偷了去!"

其实,这人请玉工来家,已经引起了邻居的注意。原来,平时极少有人上他家,这回玉工突然来,有人便不时进来张望。宋人心里不安,怕有个闪失空欢喜一场,便把宝玉秘密藏好。尽管如此,他还是担心宝玉会被盗走。如果把它卖掉,又怕不知它的真正价值,给别人占了便宜。他考虑来考虑去,最后决定把它赠送给一个有身份的人,这样多少还能留下些人情。过了几天,他见没人发现,便带了宝玉悄悄地前往都城。

到了都城,他去见掌管工程的大臣子罕,献上了宝玉,子罕不解地问:"你把如此贵重的宝物送给我,大概是要我帮你办什么事吧?不过,我是从来不接受别人赠送的礼物的。"宋人慌忙摇头说:"我没什么事要您帮我办。据玉工鉴定,这块宝玉是稀有之物,所以我要献

第四章 抵巇

给您。"子罕再次拒绝说:"我决不能收下这宝玉。因为如果收下了,你和我都丧失了宝。"宋人听不懂子罕这话的意思,只是呆呆地望着他。只听子罕继续说道:"我以不贪为宝,而你以玉为宝。你把玉给了我,当然丧失了宝,但我收下了你的玉,也就丧失了不贪这个宝。这样,双方都丧失了宝。"

献玉的人叩头,然后对子罕说:"小人怀中藏着宝玉,到哪里都不安全,还是把它送给您吧。这样就可以免于被人谋财害命了。"于是子罕就把美玉放在自己住的地方,让玉工雕琢它,然后又卖了出去,把钱给了献玉的人,让他成了富翁,然后送他回家去了。

鲁襄公十七年的时候,宋国的皇国父做了太宰,要为宋平公建造一座高台,因此妨碍了农业收割。子罕请求在农事完毕以后再建造,平公不答应。

鲁襄公二十九年,郑国发生饥荒,而当年的麦子还未收割,老百姓困苦不堪。担任上卿的子皮根据父亲子展的遗命,给国内的人分发粮食,每户一钟,郑国人没有挨饿。子皮也得到了郑国百姓的极大拥护。

子罕听说这一情况后,说:"多做善事,这是百姓所希望的。"宋国也发生了饥荒,子罕便请示宋平公,

要求拿出公室的粮食借给百姓,让大夫们也都把粮食借出来。子罕自己的家族借粮食给别人,却不写借据,不要求别人归还,同时还以那些缺乏粮食的大夫的名义,借给百姓粮食。宋国人也没有挨饿。

晋国的叔向听说这些情况后,说:"郑国的罕氏(即子展、子皮的家族)、宋国的乐氏(即子罕的家族)肯定会长盛不衰,他们应该都能够执掌国家的政权吧!这是因为民心都已归向他们了。以其他大夫的名义施舍,不只是考虑树立自己的德望名声,在这方面子罕更胜一筹。他们将与宋国共存亡吧!"

二、颜率游说齐宣王

秦国兴兵进逼周国,要索取九鼎,周显王很忧虑,就将此事告诉大臣颜率。颜率说:"大王不必担心,我愿东下齐国借救兵。"

颜率到齐国,对齐宣王说:"秦国的行为大逆不道,竟兴兵进逼周室,索取九鼎。周室君臣上下仔细考虑(后认为),与其给秦国,还不如把它送给贵国。你们若裸全危亡之国,会得到美名;获得九鼎,又得到很大的

第四章 抵巇

好处。请大王考虑。"齐王听了大喜,就派五万军队,让大臣陈臣恩率领,前去救援周国。秦兵因此就撤退了。

齐国准备索取九鼎,周显王又担忧了。颜率说:"大王不要担心,我愿东去齐国,解决这个问题。"

颜率到齐国,对齐宣王说:"周室全仗贵国的仁义,君臣父子才得以保全。我们愿意献出九鼎,但不知贵国从哪条路把它运到齐国?"齐王说:"我准备借道魏国。"颜率说:"不行。魏国君臣也想得到九鼎,他们在晖台之下、沙海之上谋划了很久了。九鼎进了魏国,必定出不来了。"齐王说:"那我就借道楚国。"颜率答道:"不行啊,楚国君臣也想得到九鼎,他们在叶庭之中已经谋划很久了。九鼎进了楚国,必定出不来了。"齐王说:"我们到底从哪条途径把它运到齐国呢?"颜率说;"我们也替大王犯愁。这鼎么,不能象醋瓶子、酱罐子,可以揣在怀里,挟在胳肢窝里,或拎到齐国,也不能象鸟飞、兔子蹦、马跑那样,很敏捷地就到了齐国。从前周武王灭殷商,取得九鼎,每一只鼎就用九万人拉,九九八十一万人,人力、器械、衣物都要做相应的准备。现在大王即使有这么多的人力,但从哪条路走

呢?因此我私下为犬王担忧。"齐王说:"您多次到这里来,原来还是不给呀。"颜率说:"不敢欺骗贵国,请赶快定下你们从哪里走,我国准备迁运宝鼎,等待大王下令。"齐王〔索鼎之事〕便作罢了。

三、师旷制止亡国音

师旷虽说是个盲人,但他精通音律,琴艺尤为超凡,十分神奇。据说,当师旷弹琴时,马儿会停止吃草,仰起头侧耳倾听;觅食的鸟儿会停止飞翔,翘首迷醉,丢失口中的食物。

晋平公见师旷有如此特殊才能,便封为掌乐太师。晋平公新建的王宫落成了,要举行庆祝典礼。卫灵公为了修好两国关系,就率乐工前去祝贺。卫灵公带着一批侍从,走到濮水河边,天色已经慢慢地黑下来,他们在河边倚车歇息。

时值初夏,皎洁的月亮高挂夜空,两岸垂柳轻拂水面,河水静静地流去,映着月亮闪闪发光,就像九天落下了一匹锦缎。卫灵公正在欣赏这美丽的夜景时,突然听到一陈曲调新奇的琴声,不禁心中大悦,于是招来他

第四章 抵牾

的乐师师涓，命师涓寻找这奇妙的音乐，并把它记录下来。

师涓领命而去，静静地坐在河边，调息，抚琴，聆听那音乐，将乐曲记录下来，整整忙碌了一夜。卫灵公一行来到晋国边城，晋平公在新建的王宫里摆上丰盛的筵席，热情的招待贵宾。宴会上，卫灵公在观赏晋国的歌舞后，便命师涓演奏从濮河边听到的那支曲子助兴。

师涓为了答谢晋国的盛情款待，便遵命理弦调琴，使出浑身解数弹奏起来。随着他的手指起落，琴声像绵绵不断的细雨，又像是令人心碎的哀痛哭诉。

坐在陪席上的晋国掌乐太师师旷面带微笑，用心倾听着。不一会儿，只见他脸上的笑容渐渐消失了，神色越来越严肃。

师涓刚将曲子弹到一半，师旷再也忍不住了，他猛地站起身，按住师涓的手，断然喝道："快停住！这是亡国之音啊！千万弹不得！"

卫灵公原本是来给晋平公祝贺的，听师旷掌乐太师这么一说，吃惊地愣住了。

师涓更是吓的不知所措。十分尴尬地望着卫灵公。

晋平功见喜庆之时，本国掌乐太师突然插一杠子，弄得卫国国君一行人下不了台，忙责问太师道："这曲子好听得很，你怎么说它是亡国之音呢？"

师旷振振有词地道："这是商朝末年乐师师延为暴君商纣王所作的'靡靡之音'。后来商纣王无道，被周武王讨灭了，师延自知助纣为虐害怕处罚，就在走投无路时，抱着琴跳进濮河自尽了。所以，这音乐一定是在濮河边听来的。这音乐很不吉利，谁要沉醉于它谁的国家定会衰落。所以不能让师涓奏完这支曲子。"他说到这里，转过脸来问师涓道："你弹的这支曲子是在濮河边听来的吗？"

"说的一点不错，正是从濮水河边听来的！"卫灵公在惊讶中替本国乐师解窘。

晋平功很不以为然地说："早已改朝换代了，我们现在演奏，又有什么妨碍呢？你还是让贵国乐师弹下去吧！"

师旷摇摇头，执拗道："佳音美曲可以使我们身心振奋，亡国之音会使人堕落。主公是一国之君，应该听佳音美曲，为什么要听亡国之音呢？"

晋平功见卫灵公一行人面有难色，便命令师旷道：

第四章 抵牾

"你快松手,让乐师弹下去!别扫大家的兴!今日是大喜之日,怠慢了贵宾,拿你是问!"

师旷感到王命难违,只好坐下来,展开了自己的琴。当他用奇妙的指法拨出第一串音响时,便见有16只玄鹤从南方冉冉飞来,一边伸着脖劲鸣叫,一边排着整齐的队列展翅起舞。当他继续弹奏时,玄鹤的鸣叫声和琴声融为一体,在天际久久回荡。晋平功和参加宴会的宾客一片惊喜。

在场所有的人打心底里佩服师旷的琴艺。卫国乐师师涓大开眼界,激动地上前握住师旷的手说:"你的技艺真可惊天地、泣鬼神啊!"

濮水是一条流经郑国、卫国的河流。东周的时候,宫廷里演奏古老的乐曲,和当时流行在濮水流域的郑国和卫国的音乐比起来差得很多。宫廷的音乐比较呆板,郑国、卫国的民歌节奏明快悦耳。师涓爱好民间艺术,所以他喜欢郑卫之音。师旷受了孔子的影响,认为流行在濮水上的郑卫之音都是乱世亡国之音,这是他的偏见。不过师旷关于音乐作用的议论是有道理的。好的音乐可以陶冶人的性情,使人积极向上;坏的音乐可以腐蚀人的灵魂,使人颓废堕落。

鬼谷子

四、勾践卧薪尝胆

勾践回到越国,大臣们看到勾践,都又喜又悲。勾践对他们说:"我是个国破家亡的奴才,如果不是得到你们这么大的帮助,我哪里还有回国的一天?"范蠡说:"这是大王的洪福,哪儿算是我们的功劳呢?但愿大王从今以后,时时刻刻记住石屋看马的耻辱,越国才有希望,我们才能报仇雪恨。这是我们做臣下的和全国人唯一的希望!"勾践说:"我绝不会让你们失望!"他就叫文种管理国家大事,叫范蠡整顿兵马,自己也虚心地接受别人的意见,恨不得拿出自己所有的本领,让这受欺压的国家变成一个强国。

勾践唯恐眼前的舒服会把志气消磨掉,就改变日常生活,把软绵绵的褥子撤去,拿草当作褥子。在吃饭的地方挂上一个苦胆,每逢吃饭时,就尝一尝苦胆。这就叫"卧薪尝胆"。亡国以后,人口减少了,为了增加人口,勾践就订出几条奖赏生育的条例。例如:上了年纪的人不准娶年轻姑娘做媳妇;男子到了二十岁,女子到了十七岁,还不成亲的,他们的父母要受处罚;快要分

第四章 抵巇

娩的女人,必须报官,好派官医前去照顾她;生个男孩,国王赏她一壶酒,一口猪;生个女孩,国王赏她一壶酒,一个小猪;有两个儿子的,官家给养一个;有三个儿子的,官家给养两个。耕种的时候,越王还亲自拿锄头在地里干活,目的是让庄稼人提起精神,努力种地,多存粮食。国王的夫人也走出去,看望织布纺线的姑娘和老人们。空闲的时候,自己也在宫里织布。七年中,国家不收任何税。穿衣、吃饭,处处节省。全国人民差不多都不吃荤,也不穿漂亮衣裳。他们自己如此节省,为的是给吴王夫差进贡。夫差看到勾践每个月都给他送东西,非常高兴。越国又进贡了一大批麻布和蜂蜜。吴王更加高兴了。这一来,两国相安无事。可是勾践反倒着急起来。

有一天,他对文种说:"如果总是这样,何时能向吴王报仇呢?"文种说:"我有七个计谋,能够消灭吴国,让我们报仇雪恨:第一、多给吴国贿赂,让吴国的君臣喜欢;第二、收买吴国的粮食,弄空他们的仓库;第三、用美人计诱惑吴王,使他荒淫无道;第四、送给吴国最好的砖、瓦、木料和木工、瓦工,以便让吴国大兴土木,目的是让他劳民伤财;第五、打发探子去当吴

国的臣下；第六、到处散布谣言，让忠臣们退避不问国事；第七、自己多积存粮草，操练兵马。只要能够做到这些，最后一定能把吴国灭了。"勾践连连点头，说："好计策！好计策！"

这时，夫差正打算起造姑苏台。越王趁机，准备几根又长又大的木料，打发文种送去。夫差从来没有见过这么大的木料，非常高兴。但这几根大木料竟把起造姑苏台原来的计划改变了。大材不可小用，姑苏台不仅得加高一截，还要往外扩展，才能够合适。这么一来，工程大了。苦了吴国的老百姓，不分白天夜晚地干，稍有不慎便遭鞭打。

勾践见文种的这一个计策起了作用，就叫他和范蠡去找美女。范蠡说："这事我早准备好了。托大王洪福，我找到一位既精明又懂大义的姑娘。她叫西施。她情愿牺牲自己去替大王报仇。她还找了一个姐妹，叫郑旦。大王把这两个人送给夫差，文大夫的第三个计谋绝对又能成功。"于是勾践就打发范蠡护送她们去吴国。

范蠡带着西施和她的帮手郑旦去吴国。西施和范蠡本来是一对情人。一路上有说不出来的伤心难受。倒是西施很有志气，咬着牙，把自己的眼泪往肚子里咽，装

第四章 抵巇

出一副一本正经的样子。她对范蠡说："你别伤心了！如果咱们亡了国，我们还能够谈情说爱吗？咱们已经把生命献给国家，就再也不能那么儿女情长了。再说，送给夫差的只是我的人。我的心永远是你的，谁也抢不去。我无所畏惧的只是将来计策成功了，你也许不要我了。那时候，即使咱们还有见面的日子，我哪儿还有脸面再见你呢？"范蠡低着头默默地听她说着这些话，听到最后两句，急得他指天发誓说："你为了大王，为了父母之邦，为了我，去受如此大的委屈，我已经佩服得无话可说了。我如果不把你当做天底下最纯洁的女子看待，叫老天爷重重地罚我！"

他们进了吴国的王宫。西施的美貌当然不用说了，再加上西施那种才干、见解和谈吐，处处高人一等。没几天工夫，夫差就成了西施的俘虏。西施不仅叫夫差宠爱她，还叫夫差尊敬她。她见夫差成天陪着她，反倒生了气。她皱着眉头说："大王知道如今天下的大势吗？楚国打了败仗之后，至今还没恢复元气；晋国也早已失去了霸主的威风；齐国自从晏平仲死后，国家已经没有可用之才了；鲁国三家大夫只知道拼命地扩充自个儿的权势。中原诸侯哪有一个能够跟大王相比的呢？大王不

鬼谷子

趁着这时候去干一番顶天立地的大事业，反倒天天陪着我们饮酒作乐，别人还以为是我把您的志气消磨光了。即使您不为吴国增光添彩，至少也该为了疼我，去当中原的霸主，让我也在历史上落个美名。"夫差听了西施的这番话，心里充满了快乐和佩服。

正在这时，齐国派使者来请求吴国派兵一同去打鲁国，说是因为鲁国欺负邾国。夫差下决心要到中原去做一番事业，于是便答应齐国，发兵去跟齐国军队会师。

原来邾国的国君娶了齐悼公（齐景公的儿子）的妹妹做夫人，自以为有了靠山，便狂妄起来，逐渐地和鲁国产生矛盾了。鲁哀公（鲁定公的儿子）叫季孙斯去打邾国，把邾君逮去。齐悼公认为鲁国逮了他的妹夫，就是蔑视他，这才联合吴王夫差一起去打鲁国。鲁哀公一听齐国借了吴国的兵马前来攻打，连忙把邾君放了，又向齐国赔不是。齐悼公有了面子，就不想再打仗。烦劳打发使者于是他就对吴王夫差说："鲁国已经求和了，不敢再烦劳大王的大军，大王请回去吧！"夫差当然不会答应了，他说："这么老远赶来，发一回兵也不容易。叫我发兵的是你们，叫我退兵的也是你们，难道我吴国是你们齐国的属国吗？"他就带着这大队人马去打齐国。

第四章 抵巇

鲁国见风转舵,连忙给夫差送去厚礼,跟着他一块儿去打齐国。两国的兵马一直冲进齐国,齐国国内一片混乱,自上而下没有不埋怨齐悼公的,说他不该把敌人请进来。这时候齐国颇具势力的大夫陈恒(陈恒,也叫田常;古文田陈二字通用)和鲍息两家就趁机杀掉了齐悼公,向吴王夫差请罪求饶,表示愿意年年进贡,服侍吴国。这样,不但鲁国,连齐国也做了吴国的属国。

夫差一发动进攻,就收服了齐、鲁两国。他从中原回来后,更加佩服西施,把她当做谋士,经常跟她谈论国家大事。朝廷上有什么疑难的事也跟她商量。有一回,夫差对她说:"今天越国的大夫文种来我们这儿了。他说,越国收成不好,粮食不够,打算跟咱们借一万石粮。过年如数归还。你觉得这件事应该怎么办?"西施问:"大臣们怎么说的?"夫差说:"他们也没有一定的主张。伯嚭他们劝我答应。伍子胥却坚决反对。"西施冷笑了一声,撇撇嘴说:"芝麻绿豆大的事也值得费这么大的劲?大王是个精明人,您没听见过'国以民为本,民以食为天'这两句话吗?既然越国已经属于大王的了,那么每个越国人全都是大王的人。难道说大王就忍心让他们活活饿死吗?起初齐桓公在葵丘开大会的时

候,就不允许诸侯囤积粮食,每个国家都应当帮助闹饥荒的邻国。秦穆公还拿大批的粮食去救济敌国的难民,他才称得起西方的霸王。难道大王还比不上齐桓公、秦穆公吗?"夫差连连点头称赞,说:"大臣们也有劝我应该救济越国的,但他们没像你说得这么有理有据。我明天就答应文种。"

文种领了一万石粮食,回到越国。文种把这些粮食全都分给了穷人。这样全国人都很感激越王。第二年,越国粮食丰收。文种就挑选了最好的可以做种子的粮食一万石,亲自把它们归还给吴国。夫差见勾践言而有信,更加高兴了。他把越国的粮食拿来一看,粒粒饱满,就对伯嚭说:"越国的粮食颗粒比咱们的大。咱们就把这一万石粮食当作种子,这样一来,咱们的庄稼也就更好了。"于是伯嚭就把越国的粮食分给农民,让他们去种。到了春天,吴国的庄稼人下了种,天天只等着新秧长出来。等了十几天,依然还没发芽。他们心想,也许好种子要比普通种子长得慢一点。于是他们就耐着心又等了几天。没想到全国撒下去的种子全都霉烂了。他们没了主意。后来,只好赶紧又播下他们自己的粮食种子,但这时候已经误了下种的时候。这一年肯定要闹饥荒了。吴国的老百姓都纷纷埋怨吴王不顾土地合适不合适,就贸然地使用了越国的种子。他们哪儿知道文种的恶毒呢?原来他送去的都是已经蒸熟了又晒干的种子啊!

越王勾践听说吴国闹了饥荒,就想趁机发兵攻打吴国。文种说:"还早着呢!一是,伍子胥还在;二是,吴国的兵马还没派到别的国家去。"越王勾践只好耐心等着,并抓紧时间扩大军队,操练兵马。

五、长袖善舞

"长袖善舞"比喻有所凭借,事情容易成功,现在多用它形容有钱财、有手腕的人善于钻营。

此典出自《史记·范雎蔡泽列传》:"太史公曰:"韩子称'称袖善舞,多钱善贾,信哉是言也!范雎、蔡泽世所谓一切辩士,然游说诸侯至白首无所遇者,非计策之拙,所为说力少也。及二人羁旅入秦,继踵取卿相,垂功于天下者,固强弱之势异也。"

范雎和蔡泽是战国时期两个著名的人物,他们都非常有辨才,先后做过秦国的宰相,一时成为众人仰慕的

名士。

范雎原是魏国人,在中大夫顺贾家里做宾客,因受到顺贾的猜忌,差一点被他处死。范雎化名张禄逃到秦国,靠着一张能言善辩的嘴巴,得到秦昭王赏识,竟然做了秦国的宰相,掌握了秦国大权,秦王封他为应侯。

蔡泽是燕国人,曾经游说赵国、韩国、魏国,但这些国家都不肯任用他。于是,他找人给自己相面,相面的人嘲弄说:"看你的鼻头像蝎子,肩膀盖过脖子,两条腿弯曲得中间能爬过一条狗,从模样上看你一定是圣人呀,圣人总是和常人模样不一样啊!"蔡泽毫不在意,很自信地说:"你看吧,将来我会怀抱黄金之印,腰系紫绶玉带,受任于君主之前……"

蔡泽想去秦国,欲能先见到范雎,因为范雎此时正是秦国的宰相。为了让范雎接见他,他提前托人去报告范雎:

"燕国客卿蔡泽,乃当今天才智士,雄奇善辩,如果一旦拜见秦王,恐怕就会替代你的位置当上宰相。"

范雎也是自命不凡的人物,怎么会相信蔡泽的妄言?就决定见他一面。

蔡泽见到范雎后,大谈天下兴亡之变,君臣依附之

第四章 抵巇

状,有根有据,有情有理,范雎非常佩服。蔡泽又诚恳地对范雎说:

"请允许我说一句不敬的话,您现在为秦国已经立下了很大的功劳,官位极尊,又得到秦王宠信,如今正是退隐的好时机。这时退下来,保住了一生的荣耀信誉,不然的话恐怕会遭到灾祸呢!历史上的教训不能不吸取呀,商鞅为秦孝公制定刑法,赏功罚罪,劝民农耕,使秦国无敌于天下。他的功劳是很大的了,可是却遭受车裂而死;白起将军率领几万兵马与邻国交战,先攻楚,后攻赵,长平之战杀敌四十余万,为秦立下了汗马功劳,最终还是被迫自杀;吴起为楚悼王立法,定楚国之政,兵震天下,戚服诸侯。后来却被楚王肢解丧命;文种为越王深谋远虑,救活越国,垦荒种地,扶植农桑,使越国强盛起来,终于报仇雪恨了,可是最终还是被越王所杀……这四个人都是因为大功告成之后没有及时告退,才遭到祸患的。也就是人们常说的'成功之下,不可久处'。所以我劝您及早交回相印,退而隐归山川,好好地享享清福。如果你舍不得离开,犹豫下不了决心,往而不能自返,其结果恐怕就与那四个人一样,不堪设想啦……"

鬼谷子

蔡泽的一席肺腑之言，让范雎感动万分。范雎回想近几年来，秦昭王总是对自己有不满意的地方，不如早点离开他为好。于是范雎盛情款待了蔡泽，第二天便亲自去拜见秦昭王，对他说："刚刚从燕国来了一位能人，智谋超人，本事出众，古今王业、世俗之变，了如指掌，完全可以辅佐君王处理朝政。我见到的人很多，却没有超过他的。我的能力也不如他了，请君王见他一面就知道了。"

秦昭王见到蔡泽，果然非常喜欢他，立即拜他为客卿。范雎又以自己生病为理由，辞去宰相的职务，于是秦昭王就让蔡泽当了宰相。

范雎和蔡泽为什么能赢得秦王的信任，做了秦国的卿相呢？司马迁在《史记》中为他们写传记时说："他们像跳舞的人有美丽的舞衣、商人有更多的本钱一样，因为他们有一张能言善辩、与众不同的嘴巴！"

六、成败萧何

"成败萧何"比喻事情的成功与失败都是一个人造成的。

第四章 抵巇

此典出自宋代洪迈《容斋续笔·萧何绐韩信》："成也萧何，败也萧何。"

韩信做刘邦的大将时，有人揭发他与陈豨勾结谋反。吕后知道这件事情后，想叫韩信进宫受审，但又怕他不肯就范，于是找萧何来商议。商议的结果是：用欺诈的办法让韩信入宫。他们叫手下的人通知韩信：陈豨已被平定，立刻进宫共同庆祝刘邦平定陈豨的胜利。韩信本来想称病不去，但迫于形势，只得勉强入朝。入朝后，韩信当即被吕后处死了。

以前韩信被任命为大将是萧何举荐的，如今处死韩信又是萧何出的主意，因而俗语说："成也萧何，败也萧何。""成也萧何，败也萧何"后来被简缩成"成败萧何"。

七、齿亡舌存

"齿亡舌存"比喻刚强的不能立足、柔和的能够存在；也可以借用来说明有道的能够永存，无道的终遭灭亡。

此典出自《说苑·敬慎》。

春秋时著名的大学问家老子（又称老聃），本名李

 鬼谷子

耳,字伯阳,楚国人,是著名的《道德经》的作者。他在周朝做官时,孔子也曾去向他请教实践的方法。

有一次,老子的老师常纵生病了,他前去探望。常纵倚在床上,张开嘴让老子看,问他道:"我的舌头还在里面吗?"老子答道:"在里面呀。"常纵又问他道:"我的牙齿也还有吗?"老子摇摇头说:"牙齿是没有了!"常纵接着又问道:"你明白这是什么道理吗?"老子回答道:"舌头之所以还存在,我想那是因为它很柔软的缘故吧!牙齿之所以脱落,可能是因为它太刚强的原因吧?"常纵听了,高兴地点头说:"你说得没错,世界上的事情、道理都是这样的。"

常纵是主张仁义而鄙弃强暴的,所以他借用舌头和牙齿来说明:舌头因其柔(仁义)而存在,牙齿因其刚(强暴)而覆亡(脱落)。仁义必定战胜强暴,这是坚定不移的道理。做人如此,国家亦如此。

八、宠辱不惊

"宠辱不惊"就是被宠不骄,被辱不急,对得宠和受辱都无动于衷。人们常用来形容把得失置之度外。

此典出自《新唐书·卢承庆传》:"承庆嘉之曰:'宠辱不惊',考中上其能著人善类此。"

唐代时,有一位吏部民员叫卢承庆,字子余,幽州汲县(今属河北)人。唐太宗时,他担任对官吏的考绩评功工作。他作风正派,公道负责。

有一次,有一个负责运粮的官吏在运粮途中把粮船沉没了。卢承庆以他沉船失粮,在对他考绩时给他评了个"中下"。这个运粮官知道后,既没有异议,也没表现出任何的疑惧不安。可卢承庆转而一想,粮船沉没,不能全怪他一人,如遇大风浪,也不是他一个人能挽救得了的,评为"中下"有失公平,于是改评"中中"并告知本人。谁知这个运粮官听了以后,既没有说感谢的话语,又没有流露出激动欣喜之情。卢承庆了解到这些情况后,非常佩服这个人的风度,夸奖说:"真是宠辱不惊,难得难得!"最后,又把"中中"改为"中上"。

九、处之泰然

后人用"处之泰然"形容对待困难或紧急情况毫不在意,沉着镇定。

此典出自《论语·雍也》朱熹注:"颜子之贫如此,而处之泰然。"

春秋时,在孔子的学生中,有一个叫颜回的人,被孔子称为是品格高尚的君子。有一天,孔子对其他学生说:"颜回的品德多么高尚呀!他用一个竹筐子吃饭,一个瓢喝水,住在简陋的小巷子里面,别人都无法忍受这种困苦,但颜回却依然快快乐乐。他的品质是多么高尚呀!"

南宋时,著名学者朱熹曾注释过《论语》。在颜回的这段记载后面,朱熹感慨地写道:"颜回的家境贫困到这种程度,他却处之泰然。"

一〇、楚王夫人郑袖进谗

魏王送给楚王一位美女,楚王很喜爱她。夫人郑袖知道楚王爱这位新人,自己也就特别喜爱她,挑选她所喜欢的衣服、装饰品购置,选择她所喜爱的房间和卧具配备。总之比楚王还更喜欢她。楚王说;"女人靠美色来侍奉她的丈夫,忌妒之心是人之常情。现今郑袖知道我喜爱这位新人,就比我更爱她,就象孝子侍奉父母、忠臣侍奉君主一样。"

郑袖得知楚王以为自己无忌妒之心，就对新人说："大王喜爱您的美丽。不过他讨厌您的鼻子。您若去见大王，一定要用手捂住鼻子。"新人下次会见大王时，便用手捂住鼻子。楚王对郑袖说："新人见了我，就捂住鼻子，这是为什么?"郑袖说："我知道。"楚王说："即使是坏话你也说出来。"郑袖说："她好象是讨厌闻大王身上的臭味。"楚王说："大胆!"于是下令给新人处以劓刑，不许违抗命令。

一一、李斯劝解逐客令

战国时期，阳翟（今河南禹县）人吕不韦帮助秦国的公子异人取得了秦国君的位置，又为异人的儿子嬴政继承王位立了大功，当上了宰相。后来，吕不韦的势力越来越大，嬴政感到了他的威胁，就下令罢免了他。

因为吕不韦不是秦国人，而且他还收养任用了一批其他国家的客卿，于是秦国的朝廷发出了一个通告，说是："其他国家的人来秦国做官，都是各自为自己的国

鬼谷子

家作说客,挑拨我们国内上下不和睦,现决定将外国的客卿一律驱逐出境。"

有一位来自楚国的客卿,名叫李斯,他也在被驱逐之列。他在离开秦国的途中,给秦国国君嬴政写了一份呈文。

他在呈文中写道:"从前,秦国第九任国君秦穆公为了富国强兵,从各国广召贤明人士,从西戎部落中物色到了由余,从东方宛城得到百里奚,从宋国迎接了蹇叔,到晋国召来了丕豹、公孙支。结果,吞并了20多个封国,称霸西戎。秦国第25任国君秦孝公,重用魏国人公孙秋,变法革新,使得秦国更加强盛,各国归附。秦惠王重用魏国人张仪的谋略,瓦解了六国的合纵联盟,使他们纷纷与秦国和好。秦昭王得到魏国人范雎的帮助,使朝廷的权力扩大,私人的势力减小。以上四位国君,都是利用外籍客卿的力量,成就了伟大的功业。由此看来,外籍的客卿并没有什么地方辜负了秦国。美女、音乐、珠宝,秦国都不出产,可是秦国国君却到处收罗,一一享用,而对外籍的客卿,却不管好坏,不问是非,只要不是秦国人,就一律驱逐,这不是看重女色、音乐、珠宝,而轻视人才吗?泰山不排斥微

第四章 抵巇

小的尘埃，才能这样高大；江海不拒绝细流，所以又深又广；君主不驱逐贤明的人才，才会创立伟大的功绩。正是由于这个缘故，三皇五帝得以无敌于天下。如今，秦国国君驱逐客卿，把圣贤资助敌国，把人才送到别的君王那里，这等于把军队借给匪寇，把粮草送给强盗。"

秦国国君嬴政看了李斯的呈文，被他所说的道理打动，立即下令恢复李斯的官职，撤销驱逐客卿的命令。这时，李斯已经走到了陕西的临潼一带，嬴政命令人把他追了回来。

后来，嬴政重用李斯，采纳了他的许多计谋策略，最终完成了吞并六国统一天下的大业。

一二、筑城求安逸

战国时期，诸侯纷争天下、战事频繁天，齐国君主齐宣王上朝，看了看侍侯在两旁的大臣、、说："我们齐国夹在几个强国之间，每年都要为防守和打仗耗费大量的人力和财力。谁能想出个一劳永逸的好的计策呢？"

他见大臣们都沉默不语，就又接着说："如今，我想征调全国的强壮劳力，筑一道大城墙，东起自大海，

鬼谷子

连接即墨。经过太行山，到达辕辕山，再直下武关，绵延4000里，把齐国跟各国隔绝开来，使秦国不能从西边窥视偷袭我国，楚国不能从南边觊觎攻掠我国。韩国、魏国也不能从两边夹击我国，这难道不是极为有利的吗？现在让百姓建筑城墙，虽然有些劳苦，可是今后就不必有出征戍守的负担，也不再有受侵被欺的祸患，这就可以永远安逸了。听到我下令，百姓们谁不欢欣雀跃而来呢？"

　　艾子听了齐宣王的话，不以为然，就对他说："今天早晨下大雪，我来朝廷时，看见路旁有一个百姓赤裸着身子冻倒在雪地上，望天唱歌。我觉得很奇怪，就问他为什么冻成这样还唱歌。他回答说：'大雪兆丰年，姑且为明年人们可以吃到价钱便宜的麦子而高兴，可是我今年就要冻死了'。这正如今天要筑城的百姓，不知将来享受长久安逸的人是谁呢！"

一三、溺井之狗

　　"溺井之狗"比喻干了坏事的人，总是要千方百计阻挠人们揭露他的恶行。

第四章 抵巇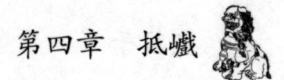

此典出自《战国策·楚策一》。

有一个人，因为他的狗能抓到禽兽之类的东西，所以他特别喜爱它。他的狗曾经把尿撒到水井里。被他的邻居看到，想要进门告诉它的主人。狗憎恶他，就挡在门口咬他。邻居害怕它，最终没有进去。

一四、牛鬼蛇神

"牛鬼蛇神"本来是指"牛头之鬼，蛇身之神，"是古代神话传说中虚构的拟人形象。后人用来比喻那种极端丑恶、遭人唾弃的人物。

此典出自唐代诗人杜牧的《李贺诗序》："鲸掷，牛鬼蛇神，不足为虚荒幻诞也。"

李贺是李唐皇室的远门亲戚，但家世早已没落，生活困顿。李贺在很年轻的时候便致力于诗歌的写作，他的诗才曾引起当时文坛的赞叹。在他十几岁的时候，号称"东京才子"、"文章巨公"的韩愈和皇甫湜都因为惊异于他的才华而访问他。李贺只活了二十七岁，是一位多才而短命、有特殊成就的诗人。他曾写过"雄鸡一唱天下白"，"黑云压城城欲摧"等名传千古

的诗句。另外,也有不少作品构思独特,意境虚幻,充满了浪漫主义的想象和浓厚的神奇色彩。杜牧《李贺诗序》中的这几句话就是比喻李贺诗歌里虚幻荒诞的成分的。

一五、怀璧其罪

"匹夫无罪,怀璧其罪"指本来没有罪的人由于有了一些钱财,引起有些人的觊觎,如果不拿出来,就会弄得人财两空。后来人们用"怀璧其罪"比喻人因多财而得祸。也写作"怀璧为罪"。

此典出自《左传·桓公十年》:"匹夫无罪,怀璧其罪。"

战国时,齐国有一个大臣叫张丑,在燕国做人质,燕王打算杀死他,他乘机逃走了。即将逃离燕国边界时,却被守边界的小吏捉住。这时张丑急中生智,恐吓小吏说:"燕王要杀死我的原因,就是因为有人说我藏有宝珠;他想得我的宝珠,但我现在已经没有宝珠了,燕王不肯相信我。现在你把我捉住,我在燕王面前只要说是你夺了我的宝珠,吞到肚子里去了,到那时候,燕王一定会杀死你,剖开你的肚子;割你的肠子,君王们都是贪得无厌的人,只知道财利,我迟早总要死,但是你的肠也要一寸寸被割断呢!"守边的小吏被他说得有点害怕起来,于是就把他放走了。

一六、欺世盗名

"欺世盗名"指用不正当的手段欺骗世人,窃取名誉。

此典出自《荀子·不苟》:"是奸人将以盗名于暗世者也,险莫大焉。故曰:盗名不如盗货。"

春秋时,卫国有个大夫叫史䲡,又名史鱼。他曾经多次进谏劝说卫灵公,但是所提意见都没有被采纳。到了后来,史鱼病重,临死时,他告诉儿子,在他死后不要把尸体装进棺材,要实行"尸谏"。卫灵公知道后,对史鱼大加赞扬。孔子也说他是个"正直"的人。

战国时,齐国有个贵族出身的人叫田仲,又叫陈仲子。他的哥哥是一位食禄万钟的富翁,可是田仲离开了哥哥,靠织草鞋为生,自命清高不凡。

鬼谷子

战国时的思想家、哲学家荀子认为,史鱼、田仲的行为实际上是欺世盗名。荀子说:没有比盗名这种行径更邪恶,它甚至比偷盗更恶劣。

一七、大谬不然

"大谬不然"比喻原来没料到的荒谬,也指大错特错,事情完全不是这样。

此典出自司马迁《报任少卿书》:"日夜思竭其不肖之材力,务一心营职,以求亲媚于主上,而事乃有大谬不然者。"

司马迁,字子长,左冯翊夏阳(今陕西韩城县)人,是我国著名史学家,著有《史记》。汉武帝时接替他的父亲司马谈的职位任太史令。公元前99年,司马迁由于为投降匈奴的李陵辩护,被处腐刑。因而,司马迁非常苦恼和愤恨,在《报任少卿书》里,他发泄了这种情绪。他说:自己因为恩蒙汉武帝重用,本来准备鞠躬尽瘁报答知遇之恩,但万万没有想到,由于自己过分的忠心,反而受到了摧残,天下的事情真是太荒谬、太离奇了,大大地出乎人的意料之外。

第四章 抵巇

一八、大巧若拙

"大巧若拙"比喻正直灵巧的人,不自我炫耀,表面上好像很笨拙。

此典出自《老子》第四十五章:"大直若屈,大巧若拙,大辩若讷。"

老子,姓李名耳(也有人认为姓老名聃),是和孔丘生于同一时代即春秋末期的一位思想家。著有《老子》一书,共八十一章(关于老子的姓名及《老子》一书是不是老子所著,历来有争议,本书《老子》为老子所著)。此书用"道"来说明宇宙万物的演变过程,包括某些朴素的辩证法,内容涉及政治、军事和日常生活。

《老子》第四十五章是老子人生论的一部分。在这一章里,老子运用朴素的辩证观点指出:有道德修养的人,其言行的实质和表现出的现象未必都是一致的。他说:大的成就好像亏缺,但它的用处是不会失败的。大的充实好像空虚,但它的用处是不会穷尽的。大的正直好像弯曲。大的灵巧好像笨拙。大的辩才好像语言迟钝。大的得利好像亏本。在生活方面,活动可以战胜寒

鬼谷子

冷，静止能够战胜炎热。在政治方面，清而无欲，静而无为，可以做天下的君长。

一九、老将军邓芝

三国时期蜀国有一位老将军，名叫邓芝。他对于蜀吴联合共同抗击魏国有着很大功劳。

原来刘备在世的时候，吴国孙权曾派人到蜀国，商讨两国和好，一起抗魏。蜀国也派使者去过吴国回拜孙权。可是刘备死了以后，与吴国那边和好的事情不再提了，为此诸葛亮很十分担心，怕吴国改变主意，不再与蜀国和好。

一天，邓芝来见诸葛亮，说："先帝故去，今主上幼弱，现在应该派人与吴国谈判，重修友好。""你说的对呀，我每天担心的就是这件事！可是一直没找到合适的人当使者去吴国，现在可找到了……"诸葛亮高兴地拉住邓芝的手说。"那是谁呀？"邓芝十分急切地询问。诸葛亮笑了："就是你呀，你去吴国最合适！"

邓芝到了吴国，孙权称病不见他。邓芝猜到孙权变了心，不打算与蜀国友好了，可能吴国要依附魏国。邓

第四章　抵巇

芝就写了一封信，送给孙权。信上说："我这次来不单是为了蜀国，也是为了吴国。"孙权这才答应召见邓芝。

孙权坦率地告诉邓芝："我是诚心愿意与蜀国和好，可是担心的是刘禅幼弱，国小势微，如果魏兵攻击，你们自身难保呀，我为这事忧虑啊，因此犹豫不决……"

邓芝说："吴、蜀两国四州之地，这是成就王业的基础。诸葛亮乃当今英杰，蜀国地势险要十分牢固；吴国有三江之阻，固若金汤。假如把我们两国的优势合为一股，像唇、齿那样互相帮助，进攻可以兼并天下，退却可以鼎足而立。这不是摆在眼前的事实吗？如果吴国屈服魏国，那江南之地就不再是大王的了……"

孙权沉思良久，缓缓地说："你说得很对，还是吴蜀联合为妙！"接着吴国拒绝了魏国的和谈要求，另派使臣与蜀国商谈和约。邓芝后来当上车骑将军，为蜀国屡建战功。

二〇、韩信千虑一得

汉时韩信用背水一战的巧妙战略，打败了赵国二十万大军，并且杀死了赵相成安君，活捉了赵王和赵国谋

鬼谷子

士李左军。

韩信知道李左军是一个很有智谋的人，于是便邀请他前来，十分虚心请教道："我现在想北伐燕国，东伐齐国，请问怎样才能取得胜利？"李左军一开始自己身为俘虏，不敢妄议大事，后经不起韩信再三请求。就说："智者千虑，必有一失；愚者千虑，必有一得"。"狂夫之言，圣人择焉"。我的意见未必中用，但也姑且提一提，赵成安君虽有百战百胜的计谋，可是一旦有失，就为将军击败身死，今日将军渡西河，擒魏王，一举而下井径，不到一日破赵二十万大军，名闻海内，威震天下，哪个不知将军智勇。可是，今民众劳苦，士卒疲乏，将军想以这劳倦疲惫的军队，进军于燕国坚固城垣之下，可能日子拖久了，力不能自拔，那时，弱燕不服，齐必拒守边境以自疆，齐、燕不肯降，楚、汉西边胜负没能分出来，那时局面危急，将军恐怕还未考虑到。根据我的看法，我认为进军一事是错误的。韩信问："那怎么办呢？"

李左车说："为今之计，不应进军。一方面抚恤赵国死士遗孤，在百里之内，请宴大夫，犒劳士卒；另一方面，以兵势北向燕国，并写一封信说明自己的优势，

向燕国示威,这样燕国不敢不服从。燕国的事定下来之后,再派一辩士出使齐国,齐国一定被震慑住。这就是兵书说的'先虚而后实'。"韩信便照李左车的计策办理,燕国果然主动投降了。

二一、龚遂治齐

龚遂,字少卿,山阳南平阳(今山东邹县)人。以明经为官,至昌邑王郎中令,事昌邑王刘贺。龚遂为人忠厚,刚毅有大节,内谏争于王,外责傅相,引经义,陈祸福,至于泣涕,蹇蹇不已。当面指责刘贺的过失,常说得刘贺掩耳而走,说:"郎中令善丑人。"昌邑国中人尽皆畏惮之。汉昭帝死,刘贺立,动作多无法度,龚遂屡谏,刘贺不听。后刘贺被废,昌邑群臣坐谄刘贺于不道而被杀者二百余人,只有中尉王阳和龚遂二人以多次谏争,得以减死,髡为城旦。

汉宣帝即位以后,渤海郡(治今河北沧州东南)和邻近的郡县屡次发生饥荒,盗贼蜂起,郡二千石不能擒制。宣帝想选择有治民之材的官吏前去任职,丞相御史推荐龚遂可以任用,宣帝便任龚遂为渤海太守。当时,

龚遂已经七十多岁了，人又长得形貌短小，没有气派。宣帝召见时，见龚遂是这个样子，和龚遂的盛名不相符合，心中微感失望，有点轻视，对龚遂说："渤海郡治废乱，朕甚忧之。你想采取什么办法止息盗贼，以称朕意呢？"龚遂回答说："渤海郡地处海滨，偏僻遐远，不沾圣化，其民困于饥寒，官吏却不体恤，故使陛下之赤子盗弄陛下之兵器玩于污池中耳。如今陛下是想使龚遂压服他们呢？还是安定他们呢？"宣帝听了龚遂的回答，非常高兴，说："选用贤良，本就是为安定之。"龚遂说："臣听说治理乱民就像治理乱绳一样，不能着急。只有缓缓办事，然后可治。臣愿丞相御史暂且不要以文法拘绊臣的手脚，使臣得以一切便宜从事。"宣帝同意，并加赐黄金，赠给龚遂乘传之车。龚遂上任至渤海郡界，郡中听说新太守到来，派出郡中的军队出来迎接，以壮声威。龚遂把他们都遣返回去，然后移书郡中各个属县，全部撤回那些逐捕盗贼的官吏，并下令说，那些手中持着鉏钩锄头镰刀的人都是良民，那些手中持着刀枪剑戟等兵器的人才是盗贼，要依法惩治。之后，龚遂单车独行至郡府，郡中安然。那些为盗贼的人也都感到疲厌，不愿再为。郡中有许多劫略别人、敲诈勒索的

第四章 抵牾

人,听到龚遂的号令之后,便都将劫来的人遣散,扔掉兵弩而拿起了鉏钩等耕田之器。于是,盗贼很快便平息下来,百姓又可以安居乐业,不再提心吊胆。龚遂见盗贼已平,便下令打开郡府仓库,假贷钱粮给贫民,又选择良吏以治之。龚遂见渤海郡一带的风俗奢侈,不喜欢耕田种地而喜工商之业,为改变这个习惯,龚遂亲自带头,率以俭约,劝百姓务力于农桑,令郡中人每人种植一棵榆树,五十棵葱,一畦韭菜;每家养二只母猪,五只鸡。百姓有带刀剑的,让他们把剑卖掉买牛,把刀卖掉买牛犊。使百姓们在春夏之间不得不到田亩上干活,秋冬天派人查收,令百姓再增加种植些其它的经济作物。经过一段时间后,郡中百姓皆有蓄积,吏民家里都富实起来。而狱讼之事则止息下来。

数年之后,宣帝派使者龚遂还京师,议曹王生愿跟随龚遂到京师去。王生平时喜欢喝酒,没有节度,不足以任事。但龚遂不忍心拒绝,便答应了。到了长安之后,王生天天饮酒,不管龚遂的事。一天,龚遂被召入宫,王生喝醉了酒,从后面叫住了龚遂,说:"明府(汉代人对太守的习惯尊称)暂且等一下,请您听我说一句。"龚遂停下来,问王生想说什么,王生说:"天子

若问君何以治渤海,君不可有所陈对,应该回答:'此皆圣主之德,非小臣之力也。'"龚遂听从了王生之言。见了宣帝后,宣帝果然问起如何治渤海,龚遂以王生所教之言回答。宣帝为龚遂的谦让感到高兴,笑着说:"你是从哪里学来的长者之言而称之?"龚遂说:"臣本不知此,这是臣的议曹教戒臣所说。"宣帝因为龚遂年纪太大,不宜任公卿,便拜龚遂为水衡都尉,而拜王生为水衡丞,以示褒显。几年以后,龚遂在任上去世。

二二、赵充国击西羌

秦汉时期,羌族分布在西海(今青海省)附近,南抵蜀汉以西,西北接西域诸国,部落众多,总称西羌。西汉初年,羌族臣服匈奴。汉武帝击败匈奴后,从令居(今甘肃省永登县境)向西筑令居塞,并在河西陆续列置四郡,以隔阻羌族与匈奴的交通。羌族与匈奴连兵十余万人攻令居塞,围抱罕(今甘肃临夏)。汉派李息等卒兵十万征服了羌族,并设护羌校尉统领羌族,严禁羌族在湟中居住。

宣帝即位后,派光禄大夫义渠安国出使诸羌。分布

第四章　抵巇

在湟水以南、青海西北的诸羌之一部先零部族的首领会见义渠安国，扬言准备根据季节渡过湟水，以汉民不种田之地放牧牲畜。此后，羌族以曾向汉使提出过渡湟水北牧的要求为借口，冒犯汉廷禁令，渡过湟水定居。汉沿边郡县无力禁止。汉宣帝元康三年（公元前63年），先零族与诸羌首领二百多人除解怨仇，互相交换人质，宣誓共同结盟，酿成边患。汉宣帝对此向赵充国询问对策。赵充国认为，羌人之所以容易被汉征服，是因为诸羌之间的首领内部互相攻击，不能团结一致。三十多年前，西羌反叛时，也是先解除部族间的仇嫌，共同订约进攻合居，与汉相抗衡五、六年。由此看来，西羌族可能会与匈奴联兵进攻边塞。一个多月后，西羌侯银何果然派使者出使匈奴，请匈奴派兵相助。企图袭击鄯善、敦煌，隔绝汉朝往来西域的通道。赵充国了解到这一情况后，又向汉宣帝分析了形势。他指出，狼何是小月氏人，在阳关西南，不会出此攻汉计策，可能是匈奴使者已至西羌进行谋划，这样，匈奴与西羌联兵进攻必定无疑。要缓解这种情况的发生，应该派遣使者巡行边境，提醒边境守军提前作好准备。同时，还应当派出使者出使西羌，破坏西羌各族首领之间的解仇盟誓，并进一步

了解其真正内幕。汉宣帝派义渠安国再次出使西羌。安国至西羌后,召先零诸首领三十多人,以滋扰生事为借口,将他们全部处死。又派兵攻击其部族,杀死一千多人。于是,诸降及归义羌侯杨玉等,担心被汉使者诛杀,联络小种举兵反抗,戟汉要塞城邑。义渠安国派骑都尉率三千骑兵驻扎在边境上,以抵御羌族的戟。骑兵开到浩亹(今甘肃州永登大通河西),与羌族军遭遇,接战后汉骑溃败,安国只得率领残兵败卒退保令居塞。

汉宣帝得知军情后,拟征召兵马击羌。当时,赵充国已年过七十,汉宣帝认为他年纪已大,不宜作战,拟派御史大夫丙吉另择将领击羌。赵充国主动上表,请求带兵出战,宣帝准其请。充国率一万多骑军到达金城郡(今甘肃省兰州市)。部队驻扎完结后,充国遣侦察士兵多方了解敌情,行必为战备,止必坚营壁,谋略得当,爱惜将帅。汉宣帝又征发三辅一带刑徒,三河、颖川、沛郡、淮阳、汝南一带的材官(受过训练的部卒),金城、陇西、天水、安定、北地、上郡等地的骑兵,共六万人,调拨到武威、张掖、酒泉,帮助守边太守保守郡城,以备不测。酒泉太守辛武贤上书汉宣帝,陈述击羌的计划。他认为汉兵皆长备在南山(今昆仑山、阿尔金

第四章 抵巇

山和祁连山)一带,北地空虚,应派长扎在武威、张掖、酒泉的一万多轻骑兵,从张掖、酒泉两地出击,分兵包围驻扎在鲜水(今青海湖)的𤞤、诸羌。这样,即使不能将其全部击溃,也可掠夺其牲畜,俟冬天来临,再以大批军马出击,就可以大获全胜。赵充国对此提出了不同的见解,他认为,汉军轻骑冒进,羌族军队一定会避其锋锐而撤退,汉军若追击的话,就会被诱进羌族所占据的地势险要地区,羌军必定切断汉军粮援,那样,汉军不战自败。况且,一直虎视眈眈想乘机攻击汉边境要塞的匈奴和马桓,也会派兵骚扰边境。介于这种情况,他建议,汉军应先集中优势兵力消灭领头叛乱的先零族,先零被击溃后,跟随先零起兵的𤞤、诸羌就会不战先怯,如朝廷再下诏赦免其叛乱罪行,进行安抚,𤞤、诸羌就会顺从汉朝,这样,羌族就会不战而溃,汉军也可保存势力。但是,汉宣帝及朝中诸臣都认为先零兵力强大,又有𤞤、诸羌为援,如不先击先零后援,恐无法击败先零,因而均赞成辛武贤的击羌建议,并任命侍中乐成侯许延寿为强弩将军、酒泉太守辛武贤为破羌将军,准备实施这一进攻方案。

赵充国认为,将率兵在外,应据作战情况制定策略,

139

鬼谷子

这样才能有利于国家。因此，又上书陈述自己作战方案的正确性。汉宣帝反复考虑充国的报告，决定按照其战略方案出兵击羌。赵充国随即率兵进攻先零兵营。先零兵久屯不战，军士懈怠散漫，见汉大举进攻，不敢接战，丢辎重，欲渡湟水而逃，但因道路狭窄，撤退很慢。赵充国据兵法"穷寇勿追"的理论，只是驱兵在后慢慢追赶。先零兵渡湟水时淹死数百，投降及被斩杀有五百多人，汉军缴获马牛羊十余万头，车四千多辆。随后，充国指挥大军开至罕羌驻扎地。赵充国令士兵只在罕羌营地周围屯田，并不围攻。罕羌首领靡充得知后，派使者来到充国营中，请求归还占领的汉边郡，充国对使者所求未置可否。靡充又亲至汉营中，拜见赵充国。充国命设宴招待。汉宣帝下诏赦免罕羌侵扰之罪，罕果然不战而退兵。

此后，汉宣帝又命破羌、强弩两将军和中郎将邛出兵击羌。强弩将军击羌四千多人，破弩将军斩杀二千余人，中郎将邛斩杀及接受投降的羌兵有二千多人。赵充国军队又迫使五千余羌投降。随即，赵充国根据边地形势，上书请奏罢骑兵屯田，条陈不出兵留田便宜十二事，率军而还。

汉神爵二年（前60年）秋，羌族的若零、离留、且种、儿库诸族联合起来，处死先零首领犹非、杨玉

第四章 抵巇

等,率所部四千余人降汉。汉宣帝封其官爵,始置金城属国安置降羌。后赵充国以年老求解甲,但是,直至他汉甘雨二年(前52年)卒,朝廷有关少数部事务的处理,仍不时征询其意见。

二三、忍辱负重的陆逊

陆逊是三国时期吴国的著名将领,曾任荆州牧、丞相等官职。

公元221年,蜀主刘备为了从孙权那儿夺回战略要地荆州,为结拜兄弟关羽报仇,于是就亲自率领部队攻打东吴。战争开始,蜀军接连取得胜利,深入吴境达五六百里,一直打到夷陵(今湖北省宜昌市东),连营数百里,声势十分浩大。吴主孙权,任命年轻有为的陆逊为大都督,带领五万人马,前往前线迎战。陆逊在吴将中资历较浅,归他指挥的诸将如朱然、潘璋、宋谦、韩当、徐盛、鲜于丹、孙恒等,有的是跟随孙氏征战多年的老将,有的是皇亲贵戚。他们都十分傲慢,对年轻的书生陆逊当上大都督,很不服气,甚至不肯服从他的命令,陆逊非常着急。

鬼谷子

有一次，陆逊召集众将，他手中紧握宝剑，高声说道："刘备天下知名，连曹操都有些怕他。如今他率大军进攻吴地，是我们的强敌，千万不可以轻视他。希望众位将军以大局为重，同心协力，一起消灭来犯之敌。我虽然是个书生，但主上任命我为大都督，你们就要服从。主上之所以委屈诸位将军，使你们屈尊于我，就是因为我还有些微薄的能力，能够忍受屈辱，挑起重担。从今往后，希望你们各负其责，不要推辞，军令如山，违者必按军法从事。"经陆逊这么一说，诸将心中虽有不服，但行动上再也不敢违抗他的命令了。

陆逊指挥军队坚守七八个月之久，一直不与刘备决战。到了后来，蜀军十分疲惫，而且又骄傲轻敌，陆逊乘机利用顺风进行火攻，大破蜀军，歼敌万余人，取得夷陵之战的重大胜利。刘备败退白帝城，没过多久便病死了。从此，东吴诸将都很佩服陆逊的才能了。

二四、贾谊厝火积薪

西汉初年，有一个著名的政治家和文学家叫贾谊。他很有才华，在二十余岁时就做了博士，他提出了一套

第四章 抵巇

改革政治法制的主张,汉文帝没有采纳。朝廷里的大臣嫉贤妒能,极力排斥他,于是贾谊被派做长沙王太傅。他悲叹自己的遭遇,在长沙写了《吊屈原赋》、《鹏(fú)鸟赋》等作品。贾谊任长沙王太傅三年,由于汉文帝想念他,又被召回朝廷。这些日子里,汉文帝忽然对鬼神发生了兴趣,叫贾谊给他讲述鬼神的本末。贾谊口若悬河,讲得娓娓动听、头头是道。夜深了,文帝却听得入了迷,情不自禁地靠近贾谊,静静地听他侃侃而谈,始终不愿离去。后来,文帝说:"我好久没有见到贾谊了。我觉得有些对不起他,感到很后悔。"于是,文帝叫贾谊做梁怀王(文帝的小儿子)太傅,对他很信任。那时,西汉的政权并不稳固。从外部来说,北方的匈奴很强大,常常侵扰汉朝的边境。从内部来说,天下初定,各项规章制度都没有建立和健全起来;诸侯王个个野心勃勃,都想同天子争个高低,从而扩大自己的地盘,淮南王和济北王都因为发动叛乱而被杀掉,天下人心不古。在这种情况下,贾谊数次向汉文帝上书,写出了著名的《陈政事疏》。在这篇文章中,贾谊根据儒家的政治理想,要求汉文帝采取一系列措施,如:严格等级,使君臣之间上下有别;父子六亲各得其所;削减诸

藩，控制诸侯王等等。

贾谊写道："我认为，当前的政治形势很不好，应当为之痛哭的，有一条；应当为之流涕的，有二条；应当为之扼腕叹息的，有六条；其他违背情理、伤害道义的事情，更是比比皆是，不胜枚举了。有些向陛下进言的人，都说天下已经安定、大治了，可我却不能苟同。那些大谈'安定'、'大治'的人，如果不是愚蠢，那么就是阿谀奉承陛下，他们的一派胡言乱语，都没有实事求是，也不懂得什么是治与乱。打个比方说，将火种放到堆积起来的木柴下，却又躺在上面睡大觉，在大火燃烧起来之前，认为平安无事。当今的政治形势，跟这个十分相似啊！"

二五、一身抱负的班昭

班超因长期在西域，年老思乡，永元十二年（公元100年），向皇帝上疏说："臣曾听说过从前太公封于齐，及五世以后都返葬于周，狐至死还恋故穴，代地之马依恋北风。周和齐都在中土，相隔不过千里，何况远处西域，小臣能无思乡之情？蛮夷的风俗，畏壮健者而

第四章 抵巇

欺侮老弱。臣超牙齿尽落,常常害怕衰病,突然倒下;孤魂不能回乡。从前苏武留匈奴中十九年,现在臣幸得奉节挂印为西域都护,如能在驻地寿终正寝;倒也没有什么;就怕后来的人或有名臣僚为此而死在西域。

臣不敢存有到酒泉郡的希望,但愿能够活着进入玉门关。臣又老又病,冒死说了许多不合适的话,谨派臣之子班勇随同进献之物入朝,趁臣还活着,让班勇见识中士风物。"班超的妹妹同郡曹寿之妻班昭,也上书请求让班超回来,书中说。"妾的胞兄西域都护定远侯班超,有幸以微小的功劳而受到朝廷的重赏,爵列通候,位至二千石,特殊恩典,实在不是小臣所应当承受的。班超刚刚出塞的时候,希望能立下微功,报效国家。当时正逢西域都护陈睦被焉耆所攻杀,道路阻隔不通,班超孤身在西域各国之中辗转流离,对各国晓以大义,用各国之兵,每次战斗,都身先士卒,受伤不退,舍死忘生。赖陛下神灵。得以在沙漠活下去,到现在已经三十年,骨肉生离,见面怕都不认识了。当时随他出使的。人,都已经逝世,班超在他们中年纪最大,现年已七十,年老多病,头发全白,两手麻痹,耳聋眼花,不扶拐杖就走不了路,虽想竭力尽心,报答陛下天大之恩,

鬼谷子

奈年已衰老，力量耗尽。蛮夷的习俗，非常不尊敬老年人，而班超早晚就要人土，不派人去代替他，恐怕不法之徒会起坏心，各国也会萌生叛乱之心。朝廷的大臣都想得过且过，没有长远的考虑。如果一旦有事，班超已是力不从心，那样一来，上则损坏了朝廷历代经营西域的功绩，下则使忠臣志士尽心竭力的结果毁于一旦，实在可惜。

　　所以班超自万里之外来到朝廷，向朝廷申述自己的难处，殷切盼望朝廷恩准，至今三年，未得到答复。妾曾听说过古时人年十五服役，年六十即可还家，也有休息不任职的时候，陛下以孝道治理天下，得到万国的欢心，即使是小国之臣，也给予关心照顾，何况班超是朝廷的侯爵，所以才敢冒死替班超请求，望朝廷让班超安享晚年。一旦归来、再列朝廷，使国家不再挂念西边之事，西域无突然发生变乱的危险，班超也可以得到朝廷优待老年的恩惠。诗经上说：'民有劳有息，可以到小康，施恩于中国，乃安定四方。'班超有信来与妾诀别，怕再也见不到。班超壮年时为朝廷效忠于沙漠，老来让他在旷野中死去，实在可哀可怜。如若不蒙允准，将来一旦西域有事，班超老病处理不好而得罪，请不要累及

第四章 抵巇

班超的家属。姜知识无多不懂得大道理,所说或有不当。"书奏上以后,皇帝为班昭的话所感动,于是下令召回班超。

二六、百折不挠的乔玄

桥玄是东汉时期汉灵帝当政时的尚书令。后来还被任命为太尉。因为桥玄为人刚直不阿,敢于同贪官污吏作斗争,所以当时朝野上下,他的知名度很高。

有一天,桥玄十岁的小儿子在家门前独自玩耍,忽然来了三个强盗将孩子绑架掠走。几天后强盗来找桥玄,向他索要一笔钱赎回孩子,否则就杀掉孩子。桥玄气愤地骂道:"我是朝廷命官,岂能容许你们这样横行霸道,我一定要捉拿你们归案!"

这时河南尹、洛阳令率兵来捕强盗,包围了桥玄府,就是不敢进到院子里,怕逼急了强盗会伤害孩子。桥玄见此情景,在院里大声疾呼:"快来捉拿强盗,我岂能因一个孩子而放掉贼人!"结果强盗虽然被捕获了,但桥玄的小儿子也因此被杀害了。

桥玄失去了爱子悲痛不已,但他想如何才能杜绝这

类案件呢？他终于想出了一个办法，便向皇帝上书：

"凡是被贼人绑架走的，不许用钱赎回，否则贼人会越来越凶的；官府捉到掠人为质的强盗一律处斩！"

朝廷按照桥玄的建议公布了法令。绑架劫持的事件真的就逐渐绝迹了。

桥玄年轻时候，在县里做过功曹，官虽然小，可是他尽职尽责，敢检举朝廷大将军梁冀的朋友羊昌的罪行。他当汉阳太守时，发现自己属下的皇甫祯贪赃枉法，就马上处死了他，使整个郡的官民都为之一震。后来，桥玄担任尚书令，他又告发太中大夫盖升搜刮民财，罪行累累，应该被捕入狱。可是皇帝与盖升有旧恩，关系密切，不同意桥玄的意见，后来不但没有判盖升的罪，反而给他升了官。桥玄一气之下称病辞职，回家乡了。

曹操对桥玄一向非常景仰，那时曹操还只是东汉的小官，名气不大。一天，曹操去拜访桥玄，两人谈得很投机。桥玄就对曹操说：

"现在天下动荡不安，我看你才智超人，将来安定国家、将息百姓的可能就是你了……"曹操非常感谢他，觉得桥玄才是知己。

后来曹操掌握了大权,专程到桥玄坟地上吊唁他,还在祭文中赞扬桥玄说:桥玄太尉是品德高尚的人,对待我像孔子对待颜渊,我永远不会忘记他。

二七、霍去病战匈奴

霍去病是西汉著名的军事将领。他自幼习武,擅长骑马射箭。大将军卫青根据皇帝的旨意,提拔他为票姚校尉。有一次,霍去病率领八百轻骑兵奔袭数百里之外的匈奴军队,结果以少胜多,杀掉、俘虏许多匈奴兵。汉武帝于是重重地赏赐他,以二千五百户封霍去病为冠军侯。元狩二年(公元前121年)春天,霍去病又拜为骠骑将军,他率领一万多名骑兵从陇西出击,差一点就捉住了单于的儿子。接着转战六天,越过焉支山千余里,苦战于皋兰山下,杀死匈奴折兰王,砍了庐侯王的脑袋,活捉了浑邪王的儿子和相国、都尉。在霍去病的大力打击之下,匈奴的军队人数减少了十分之七。汉武帝非常高兴,又给霍去病增加二千二百户封地。这一年的夏天,霍去病兵出祁连山,捕获和斩杀了许多匈奴兵,活捉单于单桓、酋涂王,以及王母、单于阏氏、王

子、相国、将军、当户、都尉等等。汉武帝于是再给霍去病增加五千四百户封地。接着，霍去病又迫使匈奴浑邪王投降，同时投降的还有十万匈奴兵。汉武帝又给霍去病增加一千七百户封地。元狩四年（公元前119），汉武帝命令大将军卫青、骠骑将军霍去病各率五万骑兵，出击匈奴。结果，霍去病比卫青取得了更大的战功，汉武帝给霍去病增加了五千八百户封地，并封他为大司马。

霍去病为人沉默寡言，富有勇气和胆略，敢做敢为，遇事一往无前。有一次，汉武帝想教他吴起孙武兵法，霍去病却回答说："学习军事，只要掌握方法和策略就行了，没必要照搬古人的兵法。"汉武帝给他修好了宅第，让他去看看，霍去病回答说：只要"匈奴一天不灭，我就一天没有安家的理由啊。"

二八、荆湖军将李处耘

朗州军队叛乱，宋太祖下诏书令慕容延钊率部队讨伐，并任命李处耘为都监。处耘入朝辞别，太祖亲自授予他作战计划，命令部队会合于汉江之上。在此之前。

第四章 抵巇

朝廷先派遣内酒坊副使卢怀忠出使荆南国，观察敌我势力的强弱，使者还朝后，陈述情况，认为可以出兵消灭荆南，于是太祖便命令处耘趁机攻取荆湖之地。李处耘兵至襄州，先派遣合门使丁德裕向荆南国借道，并请求城中为军队准备饮食补给，荆人以百姓士绅恐惧军队为理由推辞入城，却愿在离城百里之外处提供柴米干粮。李处耘再派丁德裕前去交涉，荆人终于听从了命令。李处耘传令三军："凡是不经道路进入江陵城者和进城后擅入民宅者一律斩首！"

部队进驻荆门后，荆南国王高继冲派他的叔叔高保寅和军校梁延嗣，牵牛挑酒前来劳师，企图探听虚实，观察形势。李处耘非常热情地接待他们，并告诉他们明天可以先回江陵。梁延嗣喜出望外，派手下人报告高继冲不要疑虑。荆门距离江陵一百多里地，这天夜里，处耘招待高保寅等人在慕容延钊的帅帐中宴饮，自己却秘密派遣数千名轻骑兵快速前进，直扑江陵。高继冲只想着等待高保寅、梁延嗣归来，忽闻宋军突至，立即怀着惶恐的心情出门迎接，在江陵城北十五里处与李处耘相遇。李处耘在马上向高继冲作揖问候，并命令他原地等待慕容延钊的大军，自己率领亲兵先入城登占北门。等

高继冲回到城下，宋兵已分别占据城池，荆人只好束手听命。李处耘立即调拨一万多江陵士兵，合并在自己的部队中，星夜直扑朗州。又事先派遣别的将领分兵攻取岳州，在三江口大破叛军，缴获船只七百余艘，斩首四千级。又在澧江遭遇敌帅张从富，并打败了敌人，追敌至敖山寨，敌兵弃寨而逃，宋军捕捉了大量俘虏，李处耘释放数十名身体肥胖的俘虏。令手下的人将他们吃掉，又把身体健壮的俘虏脸上刺了字，令他们先进入朗州城。恰值夜幕降临，宋军宿营寨中，天明时分，慕容延钊的大军到来。那些被刺了字的俘虏进入城后，逢人便说俘虏们都被宋军活活吃掉了，朗州人非常恐惧，守军放火烧城后溃退。适逢朗州节度使用保权年岁尚幼，被大将军江端劫持，藏匿在江南寨僧寺之中。李处耘派手下将领田守奇率军队渡江，俘虏了周保权。于是，宋军顺利地进入潭州，并全部占领了荆湖地区。

二九、贤臣范仲淹

宋仁宗曾经派范仲淹去西北抗击西夏。范仲淹确实是一个合适的人选。他不但是一个军事家，也是著名的

第四章 抵御

政治家和文学家。

范仲淹是吴县（今江苏苏州市）人。他两岁的时候，就死了父亲，跟着改嫁的母亲背井离乡，生活十分贫困。他从小很有志气，爱好读书。十多岁的时候，他借住在一所寺庙的僧房里，昼夜苦读。每天，他只烧一锅粥，等粥冷却后，用刀划成四块，一天两餐，早晚各吃两块。菜呢，也只是几根咸菜。后来，人们称他这种生活为"断齑划粥"，成为历史上刻苦好学的佳话。

经过艰苦的学习，范仲淹获得了丰富的知识，同时养成了严肃认真和刻苦节俭的作风。

范仲淹青年时就考中了进士，开始做官。早年的贫困生活使他了解并同情民间的疾苦。他决心为国家和百姓做一番事业。

宋夏战争初期，宋军不断失利。公元1040年，范仲淹和韩琦同时被派到陕西，前去抗击西夏。

范仲淹到了延州，发现一个很不合理的现象。当时，宋朝政府把边兵分给各级官员带领，官职越高的带兵越多，官职越小的带兵越少。这本来是正常的现象，但宋仁宗却下了一道命令，说敌人来进犯时，不管来的敌人多少，一概由官小的带领自己的少量人马先去作

战。这样做哪有不败的道理。范仲淹却不管皇帝的命令，立即改变做法。他把延州的一万八千军队，分给六个将领带领，每将三千人，负责训练。有了敌情，该多派就多派，该少派就少派。同时，他又下令修筑一些城堡。经过一番整顿，延州的防守力量顿时改观了。

西夏军队看到范仲淹防守严密，就互相警戒说："小范老子腹中自有数万甲兵。"从此，他们再不敢轻易侵犯延州了。

范仲淹镇守陕西几年，除延州外，还驻过庆州、州等地，很受当地羌人部落的尊敬。羌人因为范仲淹做过龙图阁直学士，都称他做"龙图老子"。

公元1043年，范仲淹由陕西调回京城，担任副宰相。

那时候，北宋政治非常腐败，封建官僚的特权大得惊人。做官全凭关系，升官更靠资历。只要一个人当了大官，家属亲戚都可以做官。结果大小衙门里塞满了多余的官员，好多官员又尽干坏事。

范仲淹早就看不惯这种状况。他担任副宰相后，决心改革，就大胆地向宋仁宗提出十项改革方案。这个方案的主要内容是：一、明确规定官吏提拔或者降职的办

第四章 抵巇

法；二、严格阻止凭借特权、关系等取得官职；三、改革科举制度；四、慎重选择官员；五、重视生产；六、加强武备；七、减轻劳役等。

宋仁宗正信任范仲淹，对范仲淹提出的方案全部接受了。因为范仲淹是在宋朝庆历年间提出这个方案并进行改革的，所以历史上称为"庆历新政"。

为了推行新政，范仲淹首先整顿官吏制度。他派一些官员担任监司（监察官），到全国各地视察，然后根据他们的报告，把各地的坏官从登记簿上除名，加以撤换。

有一次，和范仲淹一起推行新政的大臣富弼，看到范仲淹在登记簿上勾掉坏官的名字，心里不忍，就上前劝阻说："一笔勾掉一个名字很容易，可是，被勾掉的一家人都得哭了。"

范仲淹毫不动摇，斩钉截铁地回答说："一家哭总比一路的百姓哭好啊！"

富弼听了，觉得范仲淹既有胆量，又有见识，心里非常钦佩。

新政在推行中，触犯了一些封建贵族的利益。许多保守的官僚纷纷起来反对，诽谤范仲淹和推行新政的人，说他们结成朋党，滥用职权。

宋仁宗动摇了。新政只推行了一年多，范仲淹就被降职，调到外地做官去了，新政也跟着失败了。

范仲淹虽然遭受打击，但他忧国忧民的信念却丝毫不变。不久，他到邓州（今河南邓州）去做地方官。这时，他的朋友滕子京也被降职，在岳州做地方官。滕子京在岳州重新修建岳阳楼，请范仲淹写一篇纪念文章。范仲淹答应滕子京的要求，写下了著名的《岳阳楼记》。文中反映范仲淹伟大抱负的"先天下之忧而忧，后天下之乐而乐"一语，已成为千古传诵的名句。

公元1052年，范仲淹又被调到颍州（今安徽阜阳）去当地方官。他在上任的路上生病死了。

范仲淹生前，生活非常节俭，但待人却很亲热厚道，乐于助人。他喜欢将自己的钱财赠送给别人，还设法救济同族的人。所以，他死后，人们都很悲痛。

三〇、虚堂悬镜

"虚堂悬镜"比喻只要存心公正，自能洞察是非。

此典出自《宋史·陈良翰传》："陈良翰字邦彦，台州临海人。早孤，事母孝。资庄重，为文恢博有气。

中绍兴五年进士第。知温州瑞安县，俗号强梗，吏治尚严，良翰独抚以宽，催租不下文符，但揭示名物，民竞乐输，听讼咸得其情。或问何术，良翰曰：'无术，第公此心如虚堂悬镜耳。'"

这段话意思是说：

南宋大臣陈良翰，字邦彦，台州临海（今浙江临海）人。少年时丧父，非常孝顺母亲。性情庄重，写文章很有气势。在宋高宗（赵构）绍兴五年（公元1135年）考取进士，做温州瑞安县（今浙江瑞安县）知县。当地民风以强悍耿直闻名，官吏治民崇尚严厉，而陈良翰却用宽厚的方法对待百姓，催缴租税时不下达命令，只是宣布各种东西的名号物色，老百姓高兴地争着缴纳，审理诉讼案件与事实很相符。有人问他用的什么办法，陈良翰说："没有什么办法，只是存心公正，洞察是非，就像在空堂里悬挂镜子一样。"

三一、亚相迁钟

"亚相迁钟"的这个典故告诉人们，反动统治者所谓重臣元老，不过是些养尊处优，什么实际问题也解决

鬼谷子

不了的废物。究其原因，是用人唯亲造成的。

此典出自《艾子杂说》："齐有二老臣，皆累朝宿儒大老，社稷倚重。一曰冢相，凡国之重事乃关予焉。一日，齐王下令迁都，有一宝钟，重五千斤，计人力须五百人可扛。时齐无人，有司计无所出，乃白亚相，久亦无语，徐曰：'嘻，此事亚相何不能了也？'于是令有司曰：'一钟之重，五百人可扛。今思均凿作五百段，用一人五百日扛之。'有司欣然承命。"

齐国有两个老臣，都是几朝为官学识渊博的老先生，向来都被当做国家的栋梁。其中一个是六卿之首，官拜亚相，凡国家军政大事都要由他决断和处理。

一天，齐王下令迁都。有一只宝钟，重达五千斤，估计需要五百多人才能搬运。当时，由于齐国人烟稀少，一时半会找不到这么多劳力。主管人束手无策，只好请示亚相。亚相沉思了好久，慢吞吞地说："嘻，这点小事，我亚相怎么会没有办法呢？"果断地下了命令："既然要五百人才能搬动这个钟，那么我考虑可以把钟凿成五百等份，用一个人在五百天内搬完就是了。"主管人茅塞顿开，高高兴兴地照办了。

三二、齐寇将至

"齐寇将至"意指不准别人讲真话,就会使问题成堆,终至不可收拾。

此典出自《吕氏春秋·雍塞》。

齐国军队进攻宋国,宋王派人前去侦察齐军入侵到了什么地方。

使者回报说:"齐军已经迫近了,城里的百姓们都很恐慌。"使者的话刚说完,宋王左右的亲信们纷纷对宋王说:"这真叫做肉里生出了虫子,真是无中生有啊!我们宋国这样强大,齐国兵力又那样弱,哪会像他说的那样呢?"宋王听了这些,非常生气,屈斩了使者。

宋王又另派人前去侦探。不料回报和第一个一样,宋王又恼怒地把他屈杀了。这样,一连杀了三个使者。

后来,又派了一个人前去侦察,真有齐军迫近,于是百姓们惶惶不可终日。就在这时,使者遇见了他的哥哥。哥哥问:"国难当头,危在旦夕,你这是往哪儿去呢?"弟弟回答说:"我奉大王之命,前去侦察敌情。不料齐军离城这样近,百姓恐慌到如此地步!现在我很担

鬼谷子

心,前几个使者都因回报齐军迫近而被处死。现在,我据情实报是死,不据情实报,恐怕也是死。你看怎么办好呢?"他哥哥说:"既然据情实报,会比别人先死;不如谎报,在齐军破城之前,先行逃走。"

于是,这个使者报告宋王说:"连齐军影子也看不见,谁也不知道他们在什么地方,百姓人心十分安定。"宋王听了,非常高兴。他左右的亲信们都说:"前几个使者真是该死!"宋王便赏赐了这个使者很多金子。

不久,齐军打来,宋王惊慌失措,只好跳上车去,赶快逃命。那个使者,早已逃到其他国家,做了富翁。

三四、巧取豪夺

"巧取豪夺"形容施用不正当的方法,攫取自己不应得的财物。

此典出自《清波杂志》:"老米(芾)酷嗜书画,尝从人借古画自临,拓竟,并与真赝本归之,俾其自择而莫辨也。巧偷豪夺,故所得为多。"

宋朝大书法家米芾既写得一手好字,又长于作画,尤其喜爱古人的作品。有一次,他在别人的船上看见王羲之真笔字帖，喜欢得不得了，马上要拿一幅好书交换，主人不同意，他大呼大叫，攀着船舷竟就往水里跳，幸亏别人很快地把他抱住，才不致落水。他有一个很大的本领，便是学会模仿古人的书品。他在涟水的时候，曾经向人借回一幅《松牛图》。后来他把真本留下，拿摹本还给他，这人当时没有觉察出来，拿着走了。过了好多日子，才来讨还原本。米友仁问他怎么看得出来，那人回答说："真本中的水里面，有牧童的影子，而你临摹这一幅却没有。"然而米友仁摹仿古人的书品，很少被人发觉他的摹本是假的。他常常千方百计向人借古画描摹，而摹完以后，总是拿摹本和真本一齐送给主人，请主人自己选择。由于他摹仿古画的技艺很精，摹本和真本摹得完全一样，主人往往把摹本当成真本收回去。米友仁便因此获得了许多名贵的真本古画。

三五、大庭广众

"大庭广众"指人很多的公众场所。

此典出自《孔丛子·公孙龙》："使此人于大庭广众之中，见侮而不敢斗，王将以为臣乎？"

战国时,齐国国君齐湣王自称很喜欢结交士人(当时对知识分子的统称)。有一天,他对当时著名的人物尹文说:"我非常喜欢士人,可齐国没有这样的人才,这是为什么呢?"尹文说:"大王所指的士人,是指什么样的人呢?"齐湣王回答不出来。尹文说:"有这样一种人,他讲忠、孝、信、义,这能算士人吗?您能任用他为臣吗?"齐湣王认为这就是他心目中的士人,是自己求之不得的。尹文说:"如果这种人在大庭广众之下,受到欺侮却不敢争斗,您也任用他做臣子吗?"齐湣王说:"这算什么士人啊!受欺侮却不敢争斗,这是一种耻辱,我是不会让他做臣子的。"

三六、大冶铸金

"大冶铸金"的意思是,从洪炉中跃出来的金属。人们用它比喻自命不凡,自行炫耀,以求有所表现。

此典出自《庄子·大宗师》。

子犁与子来都是达观生死的高士,二人是好朋友。子来生病了,奄奄一息,妻子、儿子环绕在他身旁哭泣。子犁前去问候,把子来的妻子、儿女都赶开了,以

第四章 抵牾

免她(他)们惊动了正在变化中的人。子犁倚着门,对子来说:"大自然的造化又要把你变成什么,变到哪里去呢?是让你变成鼠肝呢,还是变成虫臂呢?"

子来回答说:"父母对于儿子来说,是至高无上的。无论儿子走到哪里,也要遵从父母的命令。而阴阳造化,比父母之命更不可违抗。自古以来,不孝之子违抗父母之命的事情有时会出现过,而能够抗拒阴阳变化的事,却从来没有发生过。造化让我快要死了,如果我不听从,那就是我抗拒阴阳变化,造化本身有什么过错呢!大自然赋予我以形体,让我活着操劳,让我年老得到安乐,让我以死得到休息。它能让我很好地活着,也能让我很好地死去。举例说吧,名匠冶炼金属铸剑时,忽然有一块金属从洪炉中跳出来,请求名匠说:"你用我铸剑,我一定成为有名的莫邪宝剑"。这时,名匠必然大吃一惊,认为这块金属是不祥之物。今一遇人的形体,就说'我只愿当人,我只愿当人',造化者一定认为你是不祥之人。同样的道理,如今天地就像大洪炉,造化就像铸剑的名匠,它可以随意变化你,能像那块金属一样跳出洪炉,提出自己的要求吗!"生与死的关系,就像睡与醒的关系。应当安闲地入睡,惊喜地醒来。睡

 鬼谷子

与醒虽有区别,但为什么不能从容乐观地对待它呢?同样,生与死也有一定的差别,但是,也应像对睡与醒那样,从容乐观地对待它。

三七、字盗与殴

"字盗与殴"比喻名同而实异的事物,在现实生活中是常可遇见的;如不细加分辨,就可能造成误导。

此典出自《尹文子·大道下》。

庄里有位老大爷,给大儿子取名叫"盗",给小儿子取名叫"殴"。一天,"盗"外出,他的父亲跟随在他的后面,追着喊他:"盗!盗!"小吏听到了,便把"盗"捆起来。

他的父亲又想喊"殴"去对小吏讲明实情,由于心里着急,一时声气转不过来,只喊出:"殴!殴!"小吏于是使劲地殴打"盗",打得"盗"几乎丧了命。

三八、道不拾遗

"道不拾遗"形容民风淳厚,现在多用来形容社会风气和道德良好。

第四章 抵巇

此典出自《韩非子·内储说下》：仲尼为政于鲁，道不拾遗，齐景公患之。

春秋时代，鲁定公时，孔子曾在鲁国做过几任官。起初仅做了中都宰，后来升为大司寇（系掌理一国刑罚的官职）摄行鲁国宰相的职务。孔子在当时被认为是最有学问、最有道德的一个人，他在职不过三个月，鲁国的政治便得到了很大的改良；民间的风气，也有了极大的转变；连市上售卖猪羊肉的贩子，也自动地取消了讨价还价的恶习，全部统一了价格；路上行人都各自谨守秩序，毫不混乱。在路途上，如果遗失了贵重的物品，不必用严厉的法律制裁，老百姓也知道各自尊重自己的人格，不会据为己有。所以四方的游客都不必惊动到官府，自然就可以取回。这种大家严守纪律的廉洁风气，当时称为"道不拾遗"。

第五章 飞 箝

第五章 飞箝

飞箝① 第一

凡度权量能，所以征远来近②。立势而制事，必先察同异之计，别是非之语，见内外之辞③，知有无之术；决安危之计，定亲疏之事。然后乃权量之。其有隐括，乃可征④，乃可求，乃可用。

引钩箝之辞，飞而箝之。钩箝之语，其说辞也，乍同乍异。其不可善者⑤，或先征之，而后重累；或先重以累，而后毁之；或以重累为毁，或以毁为重累。

其用或称财货、琦玮、珠玉、壁帛、采邑以事之，或量能立势以钩之⑥，或伺候见涧而钩之，其事用抵巇⑦。

将欲用之于天下⑧，必度权量能，见天时之盛衰，制地形之广狭，岨险⑨之难易，人民、货财之多少，诸侯之交，孰亲孰疏，孰爱孰憎，心意之虑怀，审其意，

知其所好恶,乃就说其所重⑩,以飞钳之辞钩其所好,乃以钳求之。

用之于人,则量智能、权财力、料气势,为之枢机,以迎之、随之,以钳和之,以意宣之⑪,此飞钳之缀也。

用于人,则空往而实来,缀而不失,以究其辞,可钳而横;可引而东,可引而西;可引而南,可引而北;可引而反,可引而覆。虽覆能复,不失其度。

【注释】

①飞箝:意为先以为对方制造声誉来赢取欢心,再以各种技巧来箝制他。

②征远来近:使远近贤士归附。

③见内外之辞:发现言辞所表达的情感之虚实。陶弘景注:"外谓浮虚,内谓情实。"

④征:征召。

⑤其不可善者:难以用钩箝之辞促其善变的。嘉靖抄本"善"作"差"。

⑥或量能立势以钩之:有时揣量对方才能,确立去就、纳拒之势以诱引之。

⑦其事用抵巇:运用钩箝之术要以抵巇之法配合

第五章 飞箝

使用。

⑧用之于天下：以飞箝之术进行外交活动，说动帝王，影响天下。

⑨岨险：也作阻险，险峻的地势。

⑩乃就说其所重：在其所重视的事理上说。或可理解为陈述其优势所在。

⑪以迎之，随之，以箝和之，以意宜之：先主动接近对方，而后随之，顺应对方思路，并有意识地附和之使适应。

【译文】

凡是揣度人的权谋，衡量人的才能，都是为了征召天下远近有才能的人。当人才应召而来时，要确定自己的意向，建立赏罚制度，首先必须详察他们之间的相同和不同之处，辨别他们言行是非与审察他们真实的言辞的虚浮和言辞，了解他们每个人的道术、方术是否可行，是否有高超的计谋韬略。试探他们如何决断国家安危的基本大计，并且决定君臣间的亲疏关系，然后就可以进行权衡，了解谁有能力谁没有能力。接着矫正他们的不足之处，这样就可征召、就可求其谋，就可用其才。

采取方法引诱谈话者说出实情，然后加以判断，用甜言巧语褒奖和推崇他们，进而箝制住他们，使他们为我所用。这种用于引诱他人真话的飞箝之语，在外交辞令上有时一样，有时不一样。对于那些用飞箝之辞不能驾驭的人，有的可以先征用他，然后反复加以考验。有的先给以反复考验，挑出毛病，而加以诋毁。有的认为反复考验就是诋毁，有的认为诋毁就等于反复考验。

准备征用的人可以用财物、珠宝、玉璧、丝绸、美色来引诱他，以便加以考验。或者权衡考察他的才能大小，给以一定的名利地位考验他，做出或收留或不收留的样子来控制他；或是在使用过程中，观察他的言行，找出小错误乘机而箝制他。其方法是用抵之术。

如果要将"飞箝"之术运用到治理国家之上，辅佐天下君主成就大业时，一定要先考虑这位君主的权谋，衡量他的才能，观察天时的盛衰，了解、掌握地域的宽窄、山川的险峻与难易，人民财物的多少，诸侯之间交往的关系，究竟谁跟谁亲密，谁跟谁疏远，谁与谁要好，谁与谁有仇恨，也必须了解清楚。要详细知道他心里关心的是什么，想的是什么，审察他的真正意图，了解他爱好什么，厌恶什么，然后就对他最关注的事情进

第五章 飞箝

行游说。用引诱之辞投其所好，进一步控制住他。

如果把"飞箝"之术运用于人，就要揣度对方的智能，权衡对方的才气实力，估量对方的气势，把这些做为关键去迎合他，顺随他，或以箝制之法调和他，用我们的意图去开导启发他，这就是用飞箝之术去控制人，从而得到诸侯之权，为己所用。

假使用"飞箝"之术说服一些有才干的贤能之士为我所用，就要先用言词赞美歌颂对方，让对方，随我所愿，使对方能心悦诚服来为我效劳。研究对方的言辞，摸准他的心意，进而控制对方，这样就可箝制对方使他直行，使他横走，导引他或向东，或向西，或向南，或向北。也可引向反面，也可把他引向倾覆。虽然覆败，但还能重新振作，不论如何做，都要把握好一定的度数。

【感悟】

积极地发现别人的优点，扬人之长，是观察、分析、判断一个人的着眼点。从言论、感情和行为上对这个人加以刺激，使其产生感恩的心理，有利于使其归附。

运用飞箝之术去说服上层人物，要仔细估量对方的智能，权衡对方的财力，揣度对方的气势，以迎合顺随的态度去获得对方的信任，然后对方才能听从你的计谋。

鬼谷子

【故事】

一、周武王作战

公元前 11 世纪,在我国历史上属商朝的末期。当时,商纣王暴虐无道,陕西有个姓周的部族首领叫姬发(周武王),他开始兴兵讨伐纣王。

周武王亲自率领三百辆战车,三千名勇士,还有四万五千名穿着盔甲的士兵出潼关,驻扎在黄河北岸。

周武王知道,对付纣王,光凭自己手中的这点兵力还是不够的。所以,他又联合了西南的八个部族,在距当时的商都——朝歌七十里的牧野(今河南淇县西南),举行誓师大会,声讨纣王的罪行。

周武王在这个誓师大会上宣读的誓词名叫《泰誓》,"同心同德"就出自这里边。

《泰誓》中称,纣王虽然有很多的奴隶,但他们思想不统一,信念也不一致;而我方虽只有治国的能臣十人,但思想统一,信念一致。《泰誓》中接着还有一段话:大家要团结一心,为同一个目标共同战斗,就一定能够取得胜利,建立功勋,让天下永远享受太平。

第五章 飞箝

当时所有的将士，听了周武王的誓词后，斗志昂扬，军心大振。此后，在牧野与前来应战的商朝大军展开了血战——这就是历史上著名的"牧野之战"。商朝的将士和奴隶不愿为纣王卖命，在激烈的战斗中纷纷倒戈，发动起义。结果是纣王兵败自焚，商朝从此灭亡了。周武王建立了新的王朝——周朝。

纣王与民众离心离德，最后国破身亡；武王与民众同心同德，取得了胜利。一反一正，两相对照，我们不难发现，一个国家民族内部团结，同心同德，该是多么重要。

二、以羊易牛

这则寓言非常深刻地揭露了封建统治者的所谓"仁术"的虚伪性和欺骗性。以小易大，见牛未见羊。这就是只看到量变，而忘掉质变。

此典出自《孟子·梁惠王上》："王坐于堂上，有牵牛而过堂下者。王见之，曰：'牛何之？'

对曰：'将以衅钟。'

王曰：'舍之！吾不忍其觳觫，若无罪而就死地。'

 鬼谷子

对曰：'然则废衅钟舆？'

曰：'何可废也？以羊易之！'"

这段话意思是说：

齐宣王坐在大殿上，看到一个人牵着一头牛从殿下走过。齐宣王便问道："牵着牛到哪儿去呢？"

那人回答说："要把它拉去宰了祭钟。"

齐宣王道："把它放了吧！我不忍心看它那种害怕可怜的样子，它毫无罪过，却要被杀死。"

那个人便问道："难道就废除了祭钟这一风俗了吗？"

齐宣王却说："这怎么可以废除呢？就用只羊去代替它吧！"

三、一国三公

"一国三公"形容主持政事的人太多，意见庞杂，号令不统一，让人无所适从。

此典出自《左传·僖公五年》："（士蒍）退而赋曰：'狐裘尨茸，一国三公，吾谁适从？'"

春秋时期，晋献公在晚年的时候去攻打小国骊戎，

骊国送了两个美女给献公，一个是骊姬，一个是少姬。后来两人都生了男孩，骊姬由于深受献公宠爱，要立自己的儿子为太子，当时晋太子申生屡立战功，献公没理由废掉他，骊姬便作出主张，将太子申生派出去守曲沃（晋国大城），其他两个大儿子重耳、夷吾派去守蒲与屈两个小城。当时由于蒲、屈两地都是一片空地，于是献公就派大臣士蒍到那里去筑城。士蒍到了那里，命人用柴草夹在泥土中，随随便便地就完成了筑城的工作。有人便说："你筑的城恐怕不坚固吧？"他笑着说："过几年后，这里便是仇人的城了，何必要筑坚固呢！"夷吾就把这件事告诉了献公。献公派人去责备士蒍，士蒍于是写了一首诗，说"狐裘尨茸，一国三公，吾谁适从。"意思是权贵者众多，各说其是，自己不知怎样做好。

四、禽兽不如

"禽兽不如"形容道德品质极坏，连禽兽也不如。

此典出自《晋书·阮籍传》："禽兽知母而不知父，杀父，禽兽之类也。杀母，禽兽之不若。"

三国时期，魏国的文学家、思想家阮籍（公元210～

 鬼谷子

263年),字嗣宗,狂放不羁,当官不问政事。才华出众,思维敏捷,常出惊人之语。

有一回,阮籍漫不经心地对文帝司马昭说:"我平生喜爱游山逛水,曾经到东平一带游览,十分喜欢那里的风土人情。"文帝很高兴,马上拜阮籍为东平相。阮籍骑着驴来到东平郡,把郡府官邸的屏障之物统统拆除了,使郡府内外开阔通畅,四通八达。阮籍治郡,法令清晰简单,十多天就从东平郡回来了。文帝荐举他为大将军从事中郎。一次,有关部门报告说,有一个人杀死了自己的母亲,阮籍说:"嘻,杀父还说得过去,怎么能杀母呢!"在座的人都责怪他说错了话。文帝说:"杀父,是天下最大的罪恶,你认为可以杀父吗?"阮籍说:"禽兽之类,只认得自己的母亲,而不认识父亲。杀父,是禽兽的行为,不足为怪。而那个人却杀自己的母亲,连禽兽都不如。"众人听了,一下子明白了过来。

五、穷斯滥矣

形容缺乏道德修养的人一遇上困难,就想胡作非为。此典出自《史记·孔子世家》:"君子固穷,小人

穷斯滥矣。"

春秋时,孔子来到蔡国,蔡国公热情地接待了孔子。不久,蔡国大夫公孙翩杀死了蔡昭公,蔡国一片混乱,孔子就离开蔡国来到叶国。一次,叶公问孔子说:"怎样才算把国家治理好了呢?"孔子回答说:"假如远近的国家都来归附你,那么,国家就算治理好了。"过了几天,叶公向子路打听孔子的为人。子路不愿在背后评论老师。孔子知道了这事,对子路说:"你怎么不告诉他,说你的老师为人,学习知识从不疲倦;教诲别人从不厌烦;发奋时会忘记吃饭;高兴时就不知道烦恼;快满六十的人了,却不知自己已经老了。"

六、道见桑妇

"道见桑妇"说明自己怎样对待别人,别人也将怎样对待自己。俗话说得好,"欺人者必受人欺",就是这个道理。

此典出自《列子·说符》:"晋文公出会,欲伐卫。公子锄仰天而笑。

公问何笑。

曰:"臣笑邻之人有送其妻回娘家,道见桑妇,悦而与言。然顾视其妻,亦有招之者矣。臣窃笑此也。"

公寤其言,乃止,引师而还。未至,而有伐其北鄙者矣。"

晋文公出会诸侯,想顺路攻打卫国。公子锄仰头大笑。

晋文公便问他笑什么。

他说:"有一个邻居,送他妻子回娘家,在路上遇到一个采桑的妇女,便微笑着前去和她搭话。但回头一看,却看见有人也正向他的妻子招手哩。我为此而暗笑呵!"

晋文公立刻领悟了公子锄这番话的意思,就停止了进兵,带领人马回国。还没到国内,就发现有敌人正在侵犯他的北部边疆了。

七、得过且过

"得过且过"意思是过一天算一天,不作长远打算。

此典出自《辍耕录》:"五台山有鸟名寒号虫……比至深冬严寒之际,毛羽脱落,索然如彀,雏,遂自鸣

第五章 飞箱

曰:'得过且过。'"

传说从前在五台山有一种奇特的小鸟,名叫寒号鸟。寒号鸟有四只脚,两只肉翅,不会飞行。盛夏季节是寒号鸟最快乐的日子,它全身长着绚丽丰满的羽毛,鲜艳夺目,百鸟都非常羡慕它。这时,寒号鸟得意洋洋,整天走来走去,到处找别的鸟比美。它一边走一边唱道:"凤凰不如我!凤凰不如我!"

夏去秋来,有些鸟飞向遥远的南方,到那里去过冬;留下的鸟整天辛勤劳碌,积粮造窝,准备过冬。只有寒号鸟仍然到处炫耀它那身漂亮的羽毛。

秋去冬来,寒风呼啸,雪花飘舞。其他的鸟在秋季都换上了一身又厚又密的羽毛,迎接寒冬的到来;但寒号鸟却与众不同,到了冬天,它那身漂亮的羽毛脱落得光光的,就好像还没有长毛的鸟崽。夜晚,全身光秃秃的寒号鸟躲藏在石缝里,凛冽的寒风不断袭来,冻得它浑身发抖。它不断地咕噜道:"好冷啊,好冷啊,明天就做窝,明天就做窝。"但是,当寒夜过去,太阳从东方升起,温暖的阳光照耀大地,这时,寒号鸟却忘记了昨夜的寒冷,忘记了要做窝的想法,它又说道:"得过且过!得过且过!"

寒号鸟最终也没有做窝，就这样一天天的混日子，最后冻死在五台山的岩石缝里。

八、以人为鉴

"以人为鉴"的意思是，以他人的得失成败，作为自己的行动规诫。

此典出自《新唐书·魏征传》："帝后临朝叹曰：'以铜为鉴，可正衣冠；以古为鉴，可知兴替；以人为鉴，可明得失。'"

魏征（公元580~643年），唐代曲城人，字玄成。少年时代曾出家为道士。在隋末农民大起义中，跟随李密投靠了李世民，官至谏议大夫、秘书监，敢于直谏，唐太宗李世民对他非常器重。

贞观十七年（公元643年），魏征得了重病，唐太宗派遣使者慰问并赏赐药品，往来不绝。又派中郎将李安俨住在魏家，随时向皇上报告魏征的病况，唐太宗又亲自前去探望。正月十七日那天，魏征去世了，唐太宗命令九品以上的官员都去吊丧，赏给羽盖鼓吹，恩准陪葬昭陵。魏征的妻子裴氏说："魏征一生节俭朴素，如

第五章 飞箝

今用一品官的仪仗为他举行葬礼,这不是死者的心愿。"她婉言谢绝了,而用布篷车载运棺柩去埋葬。唐太宗登上禁苑的西楼,望着灵车痛哭。他亲自起草碑文,并亲笔写在石碑上。

唐太宗经常思念魏征。一次,他临朝时,叹息地说:"人们用铜做镜子,可以用来穿好衣服,戴正帽子;用古史做镜子,可以从中看到盛衰的道理;用人当镜子,可以知道自己的长处和短处。我曾经决心保存这三面镜子,严格要求自己,不要出现过失。如今魏征去世,我失去一面镜子了。听到魏征去世的消息后,我派人赶到他的家里,得到魏征写的一封书信,刚写了一半草底,能够辨认出来的话有:'天下之事,有善有恶,任用善人则国家安定,任用恶人则国家衰落。君主对待公卿大臣,有的喜欢,有的嫌恶。恨谁就只看到他的过错,爱谁就只看到他的长处,这是非常危险的。爱谁、恨谁,爱什么,恨什么;怎样才算爱,怎样才算恨等问题,君主要慎重地正确处理。如果能在爱的同时知道他的短处,在恨的同时知道他的长处,铲除邪恶不动摇,任用贤才不猜疑,国家就可以兴旺发达了。'我仔细思考、回顾,觉得要做到这一点很难,恐怕会在这个方面

鬼谷子

出现失误。因此,我请众卿把魏征的临终嘱托写在自己参加朝会时所执的手板上,以防止遗忘了,看到我有什么过失,一定要不客气地进谏。"

九、劝虎行善

比喻对敌人不能讲慈悲,劝他们行善是徒劳无益的。

此典出自冯梦龙《古今谭概·微词》。

从前菩萨变化成雀王,用慈悲的心肠救济大众。有只老虎吃野兽,骨头挂在它的牙缝里,困饿得快死了。雀王便飞进虎口中啄那块骨头,每天都这样做,骨头便被啄出来了,老虎也得救了。雀王便飞到树上,对老虎说佛经道:"杀死生命是残暴的行为,罪恶没有比这更大的了。"老虎听了,勃然大怒,说:"你才离开我的嘴,现在就敢多说话!"雀王马上飞走了。

一○、雀儿肠肚

"雀儿肚肠"比喻人的肚量太小,不能宽宏大量。

此典出自宋代陈思道《后山谈丛》四:"曹武肃

王密奏曰:'孟昶王蜀三十年,而蜀道千余里,请擒孟氏而赦其臣以防变。'太祖批其后曰:'你好雀儿肠肚。'"

宋朝初年,宋太祖灭了后蜀,诏令把后蜀国王孟昶以及后蜀的大臣们都送到京城开封来,一一封了官职。这时,大臣曹彬密奏道:"蜀国建立已三十多年了,根基非常深厚。蜀地离开封远达千里,一旦孟昶逃了回去,后患无穷。而且蜀国的人听说孟昶还活着,就可能借用他的名义叛乱。所以,蜀国的大臣们可以赦免,孟昶不能让他活着,应该马上杀掉。"宋太祖看了他的奏文后,哈哈大笑,在奏文后面批了几个字:"你好雀儿肠肚。"仍然封孟昶为秦国公,他的两个儿子也封为节度使。因此,历史上都称赞宋太祖宽厚。

一一、斗鸡走狗

这个典故说明一些游手好闲的人的无聊嬉戏。

此典出自《史记·袁盎晁错列传》:"袁盎病免居家,与闾里浮沈,相随行,斗鸡走狗。"

西汉时,有一个大臣叫袁盎(《汉书》作爰盎,此

 鬼谷子

从《史记》),字丝。吕后专权时,他曾当过吕后的侄子吕禄的舍人。汉文帝是被其兄袁哙保任,得为中郎。后历任齐相、吴相。袁盎与御史大夫晁错一直都有矛盾。汉景帝即位后,晁错告发袁盎"多受吴王(刘濞)金钱,"袁盎被降为庶人。

汉高祖刘邦在世时,为了巩固刘氏政权,曾封了许多同姓王。汉景帝三年,吴王刘濞联合楚、赵、王、胶东、胶西、济南、淄川等六国,发动了叛乱,史称"吴楚七国之乱"。袁盎朝见景帝,挑拨景帝与晁错的关系,以"请诛晁错以清君侧"为名,向景帝建议诛杀晁错。在袁盎的诱导下,景帝错杀了晁错。但是,杀了晁错,并没有制止刘濞等人的叛乱,七国叛军反而更加猖狂地向朝廷进攻。在事实面前,景帝才醒悟过来,重新下了平叛的决心,派周亚夫为太尉率军迎击,最后平息了这次叛乱。

叛乱平息以后,袁盎在楚王刘礼手下为相,但所献计策不被楚王采纳,袁盎遂病免居家。病归以后,袁盎以前的威风和斗志逐渐消失,竟在乡间随波逐流,斗鸡走狗,以度余生。后来,因事被梁孝王所怨恨,遭到刺杀。

一二、斗粟尺布

"斗粟尺布"比喻兄弟不和。

此典出自《史记·淮南王衡山列传》:"孝文十二年,民有作歌歌淮南历望王曰:'一尺布,尚可缝;一斗粟,尚可舂。兄弟二人不能相容。'"

西汉文帝时,淮南王由于犯法受到囚禁。淮南王是文帝的亲弟弟,文帝为了不徇私情,就命令用囚车把他关起来,派人押送回封地。大臣袁盎劝谏说:"淮南王从小娇生惯养,缺乏严师教育,以致犯法。他性格刚强,如今陛下用这种严厉的方法对他,他可能会死在半路上。陛下刚即位,就落下杀害亲弟弟的名声,天下人又会怎么认为呢?"文帝说:"因为这件事,我也很烦闷,那么就赦免了他吧。"文帝的赦免令下达之后,囚车已经离京城很远了。

淮南王的囚车经过各县,县令遵照命令,不放他出来吃饭睡觉。淮南王在囚车中实在忍不下去了,就对押车人说:"人们都说我勇敢,其实,我哪里勇敢呢?我从小骄横,没有人敢批评我的过失。唉,一个人怎么能

忍受这样的痛苦!"于是,他绝食而死。

文帝知道后,伤心不已,哭着对袁盎说:"我没有早听你的建议,才导致淮南王的死去。"

袁盎宽慰文帝说:"人已经死了,也无计可施了,望陛下节哀。如今的办法是:严惩对此事负有责任的人以谢天下。"

一三、咄咄怪事

"咄咄怪事"指使人惊奇并难于理解的怪事。

此典出自《世说新语·黜免》:"殷中军被废,在信安,终日恒书空作字。杨州吏民寻义逐之,窃视,唯作'咄咄怪事'四字而已。"

晋朝有一个人姓殷,名浩,字深源。他不但有学问,而且很有口才。朝廷看见他有才能,便封他做建武将军,统率扬、豫、徐、兖、清等五个州的军队。

后来朝廷派他领兵跟敌人作战,殷浩惨遭失败,于是朝廷不仅免了他的官职,还把他流放到信安去。

殷浩被流放到信安之后,郁郁不得志,内心里对朝廷赏罚不明感到非常气愤,满肚子的牢骚无处发泄。因为他在以前,从来没有对朝廷说过半句不平或怨恨的话,但每天总要书写"咄咄怪事"这几个字,借此抒发自己的思想和感情。

一四、发蒙振落

"发蒙振落"形容非常容易。

此典出自《史记·汲郑列传》:"淮南王谋反,惮黯,曰:'好直谏,守节死义,难惑以非。至如说丞相弘,如发蒙振落耳。'"

西汉武帝时,有一个叫汲黯的人,字长儒。他先任东海太守,接着又做主爵都尉。汲黯推崇道表法里的黄老学说,对汉武帝常常直言劝谏,武帝既尊敬他,又有点怕他。汉武帝可以和大将军卫青蹲在床边上聊天,可以不戴帽子和丞相公孙弘谈话,但不戴帽子就不敢见汲黯。一次,汲黯有事来见汉武帝,汉武帝当时正好没戴帽子,于是赶紧躲在帐幕后面,派其他人去接受汲黯的意见。由于汲黯为人耿直,对皇帝也敢直言进谏,所以许多大臣甚至一些诸侯王也都惧怕他。

当时的丞相公孙弘的为人和汲黯不同,他对人宽

厚,与人无争,因此虽身居相位,一些大臣和诸侯王都不把他放在眼里。

淮南王刘安阴谋反叛,但是惧怕汲黯。他说:"汲黯这个人喜欢直言进谏,对朝廷忠贞不贰,恐怕难以迷惑他。至于丞相公孙弘,要迷惑他却是非常容易的,就像揭掉一件蒙罩物,振动将要掉落的叶子一样。

一五、后发制人

"后发制人"表示以弱对强时,得先让一步,再打败他人。

此典出自《史记·项羽本纪》:"先即制人,后则为人所制。"

秦二世元年七月,中国历史上爆发了第一次农民起义,陈胜、吴广首先揭竿而起,各地纷纷响应,秦王朝的封建专制统治摇摇欲坠。在农民起义的浪潮中,原先被秦国推翻了的六国后代及一些地方官吏,也相继起来反对秦王朝,趁势争权夺利。会稽郡的太守殷通,一向与项梁关系很好。农民起义后不久,殷通把项梁请来,对他说:"江西已起义,这是灭亡秦朝的好机会!我曾

第五章 飞箝

听说过这样一句话：'先即制人，后则为人所制。'（意思是：先下手的就能制服敌人，后下手的就被敌人制服。）我想出兵，先占据一方，然后向外扩展，行动要迅速，晚了就会被别人占了先。我想出兵，请你和桓楚带领军队作战。现在桓楚流落他乡，只有项籍知道他的去处，请项籍去找他吧。"项梁这个人野心很大，怎么甘愿当殷通的下属，便与他的侄子项籍（羽）密议。他叫项羽拿着宝剑，在外等着，也来一个"先即制人"。交代完之后，项梁又进去与殷通同坐，并告诉殷通，召项羽进来，让他去找桓楚。殷通答应之后，项梁便召项羽进来，向他使了一个眼色，项羽便将殷通杀了。项梁提着殷通的脑袋，佩上殷通的印章，众人全都惊骇不已，旧吏亦惊恐。项梁告诉了众人，于是率兵起义反秦。

一六、患鼠乞猫

用以说明任何事情都有其两重性，既有利也有弊。要抓住主要方面，不能因小失大。

此典出自《郁离子》："赵人患鼠，乞猫于中山。中山人予之猫，善捕鼠及鸡。月余，鼠尽而其鸡亦尽。其子患

 鬼谷子

之,告其父曰:'盍去诸?'其父曰:'是非若所知也。吾之患在鼠,不在乎无鸡。夫有鼠,则窃吾食,毁吾衣,穿吾垣墉,坏伤吾器用,吾将饥寒焉,不病于无鸡乎?无鸡者,弗食鸡则已耳,去饥寒犹远,若之何而去夫猫也?'"

有一个赵国人担忧老鼠为害,便到中山国去要一只猫。中山人给了他一只猫,这只猫善于捉老鼠,但也善于捉鸡。一个多月后,这个赵国人家里的老鼠被猫捉完了,但鸡也被猫吃完了。他儿子很忧愁,就对父亲说:"为什么不把猫除掉呢?"

他父亲说:"这个道理不是你所能知道的。我们的祸患在于有老鼠,并不在于没有鸡。有了老鼠,便要偷窃我们的粮食,咬碎我们的衣服,弄坏我们的墙壁,破损我们的家具,这样,我们就会挨饿受冻了,不比没有鸡更有害吗?现在我们没有鸡,不过是不吃鸡罢了,离挨饿受冻还远着哩,为什么非要除掉这只猫呢?"

一七、孙子练兵

春秋时,吴王阖闾除掉庆忌后,大摆酒席,大臣们全都向他表示祝贺。伍子胥对阖闾说:"大王终于了却

第五章 飞箱

一桩心事,可是我的仇恨哪年哪月才能得报呢?"伯也请求阖闾发兵。阖闾说:"发兵去打楚国,那么让谁当大将呢?"伍子胥和伯齐声说:"听凭大王的吩咐,我们都愿意誓死从命。"阖闾没有吭声,看了看四周,叹了口长气。伍子胥窥出阖闾还不愿意拜他为大将,赶紧接着说:"要不,我再推荐一个人,我想大王一定会乐意用他。"阖闾问:"谁呀?"伍子胥说:"他是齐国人,叫孙武,是个大军事家。他研究了许多打仗用兵的方法,还写了十三篇兵法。如果把他请来,拜为大将,吴国必能变成天下无敌的强国,大王就是霸主了。对付楚国,易如反掌。"阖闾听了,非常高兴,立即打发伍子胥带着贵重的礼物去请孙武。

孙武,去见阖闾。阖闾从朝堂上跑下来迎接孙武,随即问他用兵的方法。孙武把自己写的十三篇兵法送给他。阖闾叫伍子胥念一遍。每当伍子胥念完一篇,阖闾就点头称赞,并对伍子胥说:"十三篇兵法既简明扼要又精练纯粹,好极了!可是吴国国小兵微,怎么办?"孙武说:"有了兵法,只要大王有决心,不仅男子,就是女子也行。男男女女,全都能够打仗?"阖闾笑着说:"女人怎么能打仗,这不是闹笑话吗?"孙武一本正经地

鬼谷子

说:"如果大王不相信我,请先拿宫女们试一试。如果不能把她们训练得跟士兵一样,我愿意认罪受罚。"阖闾派了一百八十名宫女,让孙武操练。孙武请阖闾挑出两个爱妃当队长。最后,孙武请求说:"军队最重要的就是纪律。虽说拿宫女们试试,也得讲究纪律。请大王派个执掌军法的人,再给我几个武将当助手。"阖闾都答应了。

一百八十名宫女全部穿戴着盔甲,手执兵器,在操场上集合。孙武首先制定了三道军令:"第一,队伍不许混乱;第二,不许吵吵闹闹;第三,不许故意违背命令。"接着,他把宫女们排成队伍,操练起来。那两个妃子队长觉得她们穿上军衣,拿着长枪、短刀,只是来玩耍而已,就带头嘻嘻哈哈地不听使唤,其他宫女也跟着笑闹成一团。她们或坐,或站,或摆姿弄势,或来回奔跑,简直不把操练当一回事。孙武传令,叫她们立即归队立正。其中还是有人不停地说笑,不听从命令。孙武传了三次令,那两个妃子队长和宫女还是嬉笑如故。孙武大怒,瞪着眼睛大声地跟那个执掌军法的人说:"士兵不听命令,不服约束,按照军法应当怎么处治?"军法官连忙跪下,说:"应当斩首!"

第五章 飞箝

孙武就发出命令，说："先把队长斩了，做个榜样。"武士们就将两个妃子队长绑起来，吓得宫女们全都花容失色。

阖闾在高台上远远地看着孙武操练宫女，忽然看见两个妃子被绑上了，立刻打发伯拿着"节枝"（代表君王权力的一根手杖）去说情，说："我已经知道将军用兵的才能了。这两个妃子是我最疼爱的，请饶了她们吧！"

伯急忙来见孙武，传阖闾命令。孙武说："军中无戏言。既然大王让我做将军，就得由我管理军队。要是不把犯法的治罪，以后我还能够指挥军队吗？"最后孙武还是处死了阖闾的这两个妃子，又挑了两个宫女当队长，才重新操练起来。这批宫女在孙武严厉的训练下，居然操练得有模有样。

阖闾虽然佩服孙武的兵法，但心里却仍不太愿意重用他。伍子胥对阖闾说："大王准备征伐楚国，领导各国诸侯，做一番惊天动地的大事业，就非得有个像孙武那样的大将不可。"阖闾经他这么一说，才拜孙武为大将，又称呼他为军师，嘱咐他为征伐楚国作准备。

一八、曹刿论战

春秋时期,鲁国与齐国在长勺发生战争。当时,强大的齐国出兵攻打鲁国。鲁庄公决心御敌,苦于没有谋士,经人推荐,名不见经传的平民百姓曹刿,被带到了鲁庄公面前。鲁庄公问他有什么办法可以击退齐国军队,曹刿回答:"这很难说,打仗全凭随机应变,没有一成不变的法则可以遵循。"鲁庄公听后觉得有道理,就带着曹刿和大军直驱长勺。

鲁国的军队到了长勺,摆好阵势,与齐军遥遥相对。严阵以待的齐军即刻下令击鼓进兵,全军潮水般地涌来。鲁庄公一听对方鼓声震天,就想叫鲁军也擂鼓对敌。曹刿马上制止他说:"等一等,别跟他们交手。"鲁庄公就下令:"不准喧嚷,不准开打。"齐国军队在鼓声催促下冲了过来,却遇到鲁军不为所动的严整阵容,只好退了回去。过了一会儿,齐军又擂鼓冲锋,鲁军仍然不动声色,未见一人杀出来。齐军找不到交锋的对手,只能再次退回。这时,齐军将士以为鲁军怯阵,只守不战,不敢与自己交锋。当第三次战鼓擂响时,就有些懈息,兴趣索然地跑向鲁军。哪知此时,鲁军阵中忽然鼓声大作,鲁国将士霍地喊杀而出,刀砍箭射,毫无准备的齐军顿时被打得七零八落,狼狈逃窜。鲁军乘胜追出齐军三十多里,缴获了大量的辎重和兵器。

战后,鲁庄公虚心地向曹刿请教。曹刿就说了文首的那段话。鲁庄公钦佩地跷起大拇指说:"你真可以说是一个精通军事的将军啊!"

一九、冯异大败赤眉军

冯异与赤眉军在华阴相遇后,即与之相拒达六十余日,交战数十回合,招降赤眉将领刘始、王宣等五千余人。三年(公元27年)春,光武帝遣使臣授冯异为征西大将军。适逢邓禹率车骑将军邓弘等返回,与冯异相遇,邓禹、邓弘邀冯异共同攻打赤眉军。冯异说:"我与赤眉相持有数十余日,虽多次斩获其骁将,然其所存兵马尚多,所以难以兵马攻破,而可稍以小利相诱。皇上现在让你们屯驻渑池,你们可袭击赤眉东侧,我则攻其西侧,方能一举成功,这是万全之计。"邓禹、邓弘不听。

 鬼谷子

邓弘与赤眉军大战累日，赤眉军假装溃败，弃辎重而逃。车上皆装满土，用豆盖在上面，士兵饥饿难忍，争抢食之。赤眉回军攻打，邓弘所部溃不成军。冯异与邓禹联合救邓弘，赤眉军才稍稍退却。冯异提出士兵饥饿疲倦，可暂且休整，邓禹不听，与赤眉再战，于是遭到极大挫伤，伤亡三千余人。邓禹逃回直阳。冯异弃马步行走回谿阪，仅得与麾下数人回营。而后即坚壁严守，收集散卒，招得诸营保数万人众，与赤眉约定会战日期。他们先让一些壮士更换赤眉服装，埋伏在道路两旁。早上天亮，赤眉军以一万人攻打冯异前军，冯异分兵以救。赤眉军以为其势弱，便集中兵力攻打冯异，冯异见其中计，则纵兵与赤眉大战，至太阳西斜，赤眉军势气大衰，而伏兵即起，因衣服与之相同，赤眉军不能识别真假，众人皆惊恐溃逃。冯异乘胜追击，于崤底大败赤眉军，收降其男女人口八万人。其余十万多人，东奔宜阳投降。

光武帝诏书慰劳冯异说："平定赤眉，官兵劳苦，开始虽然败回谿阪，最终率能获捷于渑池，可以说这是失之东隅，收之桑榆。我要论功行赏，嘉奖有大勋大功之人。"

第五章 飞箍

二〇、田穰苴的谋略

齐景公执政时,齐国遭受到晋、燕两国的攻击。齐军连吃败仗,丢失了大片土地。齐景公毫无办法,赶紧找相国晏婴商量。晏婴说:"齐军所以连遭败绩,是因为缺少一位得力的将领。"齐景公深有同感,连问朝中哪位将军能够领兵退敌?晏婴想了想说:"我看田穰苴文能服众,武能威敌,可以担此重任。"当时,田穰苴不过是一名下级军吏,齐景公并不知道他。于是立即派人把田穰苴找来,齐景公当面问了他一些作战知识,用兵谋略,田穰苴回答得头头是道。齐景公十分高兴,立即命他为将军,领兵开赴前线迎击晋、燕两国军队。

田穰苴拜谢了齐景公,但提出了一个请求。说:"我一向地位卑微,您把我从卒伍之间一下子提拔到大夫之上,恐怕士卒不听我的,百官不信我的,这是因为人微权轻。因此,我请求君王派一位您所信赖的,地位又很尊贵的大臣,做我的监军,才好率军出征。"

"好啊,那容易啊。就派我的爱臣庄贾去一趟吧!"

齐景公当即批准了田穰苴的请求。

穰苴辞别齐景公,又与庄贾商议,决定第二天午时在军门会合出发。

第二天清早,穰苴带领军队来到军门,整齐列队,等候庄贾。他命令侍从官在地上立下计算时间的"表"和"漏"。庄贾是齐景公的宠臣,一向狂妄骄横,平时把谁都不放在眼里。这次随军出征,亲朋好友摆酒送行,他得意忘形,喝到日头眼看就要偏西了,还没有离开家门。穰苴全身披挂,站在全军前头,看看时辰已过,命令侍从官放倒"表",倒掉"漏"中的水,宣布说庄贾大人失约了。

一直到傍晚时分,庄贾才大模大样地来到军门。他刚从车上迈下来,穰苴便迎上去,问道:"庄大人为何来迟?"

"哈哈,亲朋饯行,挽留些时候……"

"做将军的,从受命之日起,就应忘掉家庭,军人到了军营就应忘掉亲朋,战士听见战鼓就应忘掉自己。眼下敌军入侵,国内动荡,士兵战死在边疆,君王寝不安席,食不甘味,百姓的性命都系在我和你的身上,你怎么能为酒宴而违犯军法"

第五章 飞箭

庄贾毫不在意地说:"别危言耸听了,你才当了几天统帅呀!"

穰苴正言厉色地喝道:"军正,约定时间而迟到者,按军法该如何处置?"

负责执行军法的军正响亮地回答:"当斩!"

两名武士立即上来把庄贾捆绑了。庄贾的随从看到情况不妙,骑马赶回宫廷报信。可还没等报信人回来,穰苴已经下令把庄贾斩首了。

一会儿,齐景公派廷卫官,带着"赦贾"的命令飞马赶来,直接闯入军中。可还没等廷卫官开口,穰苴又问:"军正,纵马驰入军营,该受什么处罚?"

"当斩!"

当时把廷卫官吓了个半死。穰苴说:"你是齐王的使者,不可以杀。我看就把你车上左边的马杀了,代替你伏法吧。"

这样一来,真可以说是三军为之震动。将士们个个奋勇杀敌,不久就击退了晋、燕两国的军队,收回了失地。穰苴凯旋时,齐景公亲率百官到郊外迎接,并提升他为掌管全国军队的大司马。也许是这段典故给后人留下的印象太深,久而久之,人们把穰苴的田姓忘记了,

鬼谷子

直接用司马官衔称谓他,这样,田穰苴就演变成了司马穰苴。

二一、吴起养兵

楚悼王(楚惠王的曾孙,楚昭王第四代的孙子)向来知道吴起的才干,拜他为相国。吴起非常感激楚悼王,就竭尽全力要给楚国做一番事业。他提出了富国强兵的计策,对楚悼王说:"楚国有好几千里的土地,一百多万的士兵,当初也做过诸侯的盟主。到了今天,反倒不敢跟列国去争个高低,还不是因为养兵的办法不好吗?一个国家要打算把兵马训练成百战百胜的军队,就必须要提高士兵的待遇。要提高士兵的待遇,首先要整顿财务。楚国的财物不是不丰富,也不是生产不够,毛病就在财务的分配太不合理。富裕的人太富裕,穷苦的人太穷苦。比方说,有名无实的大官,拿钱不干事的大夫,还有那些远房的贵族,他们没起什么作用,没做出贡献只是白拿国家俸禄,白吃白喝,耗费国家钱财。可是士兵平常连肚子都填不饱,哪还能够养活家人呢?要叫这些士兵打仗,不贪生怕死才怪呢!如果大王依照我

第五章 飞箱

的办法把那些没用的、多余的、挂名的官员们都裁掉，叫那些远房的亲族们自己去耕作，国家就能节省很多钱财和粮食。把这些省下来的钱财和粮食拿出些优待英勇的将士，将士的待遇就能提高。如能这么做，军队再不强大的话，请把我定罪！"楚悼王觉得这确实是富国强兵的好办法，就让吴起负责去做这件事。

吴起奉了楚悼王的命令，着手编定官员等级，订出惩罚贪污和奖赏有功人员的办法。用很严厉的手段，把多余的和挂名的官员裁去。大臣的子弟不能倚仗父兄的势力或者用贿赂当官，功臣子孙五代以后不能再靠祖宗功劳继承爵位。不到五代的功臣子孙必须按着等次减少俸禄。祖宗有功超出了五代的必须自食其力，国家不再供养。

经过吴起的一系列改革，国家的钱财增多了。他挑选精锐壮丁，加紧训练，并按其才干增加粮饷。士兵待遇比从前高了几倍。一个有能力的小兵比远门的贵族还强！楚国士兵都感激他，都愿替国家出力。于是楚国军队在短时间内就威名远扬了。在南边收服了百越（百越，也写做百粤，当时南方各部族的总称），西边打败了秦国。中原各国，像齐国、韩国、赵国、魏国从此不敢得罪楚国了。

二二、合纵抗秦之计

战国后期,秦国为了兼并天下,频繁地向东方各国发起进攻。强大的秦国把各国的军队打得丧魂落魄,就连兵多将广的楚国也接连战败,楚国的临武君等人也都成了败军之将。

公元前241年,楚、赵、魏、韩、卫五国,为遏制秦国,决定再一次合纵抗秦。这五国中,由于楚国的军事实力最强,便一致推举楚王为合纵长。

联军组建后,赵孝成王认为,如果没有智勇双全的大将来统一指挥,还是不可能战胜秦军。于是,赵孝成王就特意派魏加出使楚国,试探楚国准备让谁来担任联军的统帅。

当时,春申君黄歇执掌着楚国的军政大权。魏加见到春申君后,就坦率地问楚国有没有能当联军统帅的大将?春申君说他准备让临武君来领兵。魏加听后,很不以为然。他说:"我很小的时候就喜欢射箭,我跟你讲个射箭的故事吧。"春申君说:"当然可以。"魏加说:"有一天,魏国有个叫更羸的人,陪魏王在主宫一处高

第五章 飞箱

台上游玩,天空不时有群群飞鸟掠过。更羸对魏王说:'臣可以只拉弓,不发箭,就射落天上的飞鸟。'魏王以为更羸是在说笑。过了一会儿,有只大雁从东方飞来。"这只雁飞得很慢,叫声凄厉。更羸便把弓拉满弦,手一松,只听"崩"的一声,那只大雁就掉了下来。魏王惊叹不已,忙问其中的奥妙。更羸不慌不忙地说:'实不相瞒,这是一只受了伤的大雁。我见它飞得很慢,是因为它的旧箭伤还在作痛;它的鸣叫声凄厉,那是因为它久已失群;它的旧伤还没有痊愈,心里还有余悸。所以,一听到弓弦的声音,就急忙高飞,结果引发了旧伤迸裂,支持不住,就掉了下来。'"

讲完"伤弓之鸟"的故事后,魏加这才言归正传,对春申君说:"临武君曾被秦国军队打败,这不就像是一只受了伤的大雁吗?他至今还心有余悸,慑于秦兵的威力,又怎么能领兵抗秦呢?"春申君这才恍然大悟。

后来,春申君听取了魏加的建议,但合纵抗秦之事,却以失败而告终。当秦国大军出函谷关后,屡战屡败的五国军队便惶恐不安,纷纷溃退,恰似一群"伤弓之鸟"。

二三、陆逊应变策略

嘉禾五年（公元236年），孙权北上征讨曹魏，让陆逊和诸葛瑾攻打襄阳。陆逊派亲信韩扁带着奏章去向孙权报告情况，回来时在沔中同敌军遭遇，敌军在巡查中抓获韩扁。诸葛瑾听说这事十分害怕，写信给陆逊说："主上已经返回，敌人抓到韩扁，完全掌握了我军的虚实。而且江水干枯，应该赶快撤军。"陆逊没有答复，正催促人们种蔓菁和豆子，象往常一样同众将领下棋、射覆。诸葛瑾说："陆伯言足智多谋，这样做大约是有缘由的。"自己来见陆逊，陆逊说："敌人知道主上已经回去，没有什么再值得忧虑的，可以集中力量对付我们。再说我军又已把守着要害之处，手下的兵士将领如果思想动摇不安，我们尚且应该自己镇定以安定他们的情绪，施行应变的策略，然后再撤出营垒。如果现在就表现出退兵的意图，敌人会认为我们害怕，因而前来进逼，那将必败无疑。"于是暗中与诸葛瑾定下计策，令诸葛瑾统率船只，陆逊出动全部兵马，向襄阳城进发，敌军素来畏惧陆逊，急忙回头赶往城中。诸葛瑾就率领船只撤出,陆逊从容整顿好部队,虚张声势,步行向船靠拢,敌军不敢进犯。部队到了白围,陆逊假托停下打猎,暗中派将军周峻、张梁等袭击魏国江夏郡的新市、安陆、石阳,石阳市场兴盛,周峻等突然到来,人们都丢下财物进城躲避。城门堵塞不能关闭,敌人就砍杀自己的民众,然后才得关上城门。被吴军斩首俘获的,共有一千多人。

对那些俘虏,陆逊都加以保护,不让兵士侵犯欺侮。带着家属来的,让他们前去料理照看。至于那些失去妻子儿女的,就供给衣物食粮。厚加慰劳,发送他们回去,有的人因此被感动倾慕互相结伴归服。邻县的人心向陆逊,魏国江夏功曹赵濯、七阳备将裴生和夷王梅颐等,都率领党羽来归附他。陆逊倾尽财帛,周济供给,安抚照料他们。

二四、岳飞战兀术

绍兴十年(公元1140年),金兵进攻拱、亳地区,守将刘锜告急。朝廷命岳飞率兵增援,岳飞派张宪、姚政进攻敌人。高宗赐给岳飞的手书中说:"此次作战的

一切计划,全部委托你制订,我决不遥控、干扰你。"岳飞命令王贵、牛皋、董先、杨再兴、孟邦杰、李宝等将领,分头攻占西京、汝、郑、颖昌、陈、曹、光、蔡等郡;又命令梁兴率兵渡过黄河,联合太行山的忠义军,攻取河东、河北州县。并分兵东援刘锜、西援郭浩,自己亲率中部长驱进逼中原。临出发前,秘密上书高宗说:"陛下应当先正国本以安定人心,然后不在一个地方放久居住,以表示不忘复仇的决心和意志。"高宗看完后,极力表扬岳飞的忠诚,提升岳飞为少保,河南府路、陕西、河东北路招讨使,接着,又改任河南、河北路招讨使。不久,派遣的各路部队相继传来胜利的消息。宋军主力从颖昌出发,向着不同的进攻目标前进,岳飞率轻骑进驻郾城,兵势锐不可当。

兀术非常恐惧,与龙虎大王共同召集会议,商议对策。金人认为宋军请将都好对付,只有岳飞不可抵挡,决定引诱岳飞深入,集中优势兵力决战。朝廷闻讯后,十分惊恐,告诫岳飞谨慎行事。岳飞说:"金人已是黔驴技穷了。"便每天出阵挑战,辱骂兀术。兀术愤怒,会合龙虎大王、盖天大王和韩常的兵力逼近郾城。岳飞派遣儿子岳云领骑兵直冲敌阵,并对岳云说:"如果不

第五章 飞箝

能取胜，就先杀死你！"岳云与金兵鏖战数十回合，金兵死伤累累。

兀术有一支精锐骑兵部队，人与马都身裹重甲，用牛皮绳联系起来，三骑一组，号称"拐子马"，宋军没有人能够抵挡。在这次战役中，兀术投入了一万五千名"拐子马"。岳飞告诫步兵进入敌阵后要用麻绑扎大刀，不要仰视敌人，只用刀去砍敌人的马脚、拐子马相互连在一起，一马倒地。其他两匹也就不能动弹，宋兵奋勇进攻，大破这支王牌骑兵。兀术悲痛地说："自从起兵攻宋以来，都是仗着这支部队取胜，不料今天却被彻底消灭了。"兀术派兵增援，岳飞部将王刚率五十名侦查兵突然与敌相遇，奋力斩杀敌将，当时，岳飞正巡视阵地，望见黄尘蔽天，便亲率四十名骑兵迎击，打退了敌人。

郾城大捷后，岳飞对岳云说："敌人屡败之后，必定会进攻我军在颖昌的基地，你火速去支援王贵。"不久，兀术果然领兵来到领昌，与宋军在城西展开大战，岳云率八百骑兵挺前决战，步兵呈左右两翼跟进，斩杀兀术的女婿夏金吾、副统军粘罕索孛堇，兀术败退。

梁兴会合太行忠义军和两河豪杰也取得不断胜利，

 鬼谷子

整个中原为之震动。岳飞上书朝廷说:"梁兴等人渡过黄河后,人心都愿意归顺大宋。金兵屡次失败,兀术等人已下令女真族老少北返,这正是中兴的大好时机。"岳飞进军朱仙镇,距汴京只有四十五里,与兀术对阵决战,派出骁勇战将领背鬼骑兵五百人进攻,大败敌人,兀术逃回汴京。岳飞传檄陵台令前来汴京近效行视宋皇各代陵墓,进行修整。

早在绍兴五年(公元1135年),岳飞就派遣梁兴等人召集两河豪杰,山寨中韦铨、孙谋等人收兵坚固堡垒,等待大军,李通、胡清、李宝、李兴、张恩、孙琪等人率众来归。因而,对于金人的动态,各地的山川险要,都得到详尽的了解。在磁、相、开德、泽、潞、晋、绛、汾、隰各境内,大家都约定起兵,与官军会师。义军们打出印有"岳"字的旗帜,父老百姓争着套车牵牛,运载粮食馈赠义军,顶盆焚香迎接的民众,充满了道路。自燕京以南,金朝的号令失去了作用。兀术想调兵抵拒岳飞,河北没有一个人响应,不禁叹息道:"自从我们从北方起兵,没有象今天败得这么惨!"金帅乌陵思谋一向以凶猛狡黠闻名,此时也不能控制部下,只好对他们说:"不要轻举妄动,等岳家军杀来后就立

即投降。"金兵统制王镇、统领崔庆、将官李觊、崔虎、华旺等都率部投降，甚至禁卫龙虎大王下花查千户高勇的部下，也秘密接受岳飞的旗令，从北方南下投降。金帅韩常也计划以五万之众归附宋朝。岳飞面对此情此景，高兴地对部下们说："直抵黄龙府，与诸君痛饮！"

二五、郭子仪大退回纥兵

经历安史之乱不久，大唐国力尚未恢复，却又有人发动了叛乱。公元765年，河北副元帅仆固怀恩自以为功劳大，朝廷有负于他，竟唆使回纥、吐蕃举兵叛唐。十月初，回纥和吐蕃的军队一直打到了京都长安北面的泾阳（今陕西泾阳），朝廷大为震动，宦官鱼朝恩甚至劝代宗再次逃离长安。但因两年前，吐蕃、党项军曾攻进长安，代宗出逃陕州（治所在今陕西陕县），所以大臣们激烈反对代宗这次再出逃。朝廷这才考虑抵抗之事，但大家都认为，打击叛军只有依靠老将郭子仪了。

当时郭子仪已奉命驻守泾阳。他是大唐名将，关内副元帅，那时已年近古稀。由于泾阳兵少，他命令部下将领严加防守，不要出战。这天傍晚时分，城外的回

纥、吐蕃兵马悄悄地退守在城北的原野上，第二天他们又回到了泾阳城下。原来仆固怀恩在进军路上得暴病死了，回纥、吐蕃双方离心离德，都为了抢着当头头争吵不休。他们两军分营而住，回纥兵驻扎在城西。

郭子仪得到这一重要情报后，就悄悄派部将李光瓒等人来到回纥军营中，说服回纥与郭子仪联合起来，共同讨伐吐蕃。但是，仆固怀恩在哄骗回纥出兵时，曾造谣说代宗已死，郭子仪也被宦官害死了，所以回纥人不相信郭子仪在泾阳。他们说："郭令公怎么会在泾阳？是你在骗我们吧？如果他老人家真的在泾阳，能让我们见一见他么？"

李光瓒回城汇报，郭子仪说："目前，他们力量强，我们兵力小，不能以武力来获胜。我朝与回纥本来关系很好，感情深厚，不如让我去同他们谈一谈，也许能不战而和。"

将领们却认为这样做太危险，提出要精选五百名骑兵作卫队，跟随郭子仪一同前去。但是，郭子仪却摇头说："我去是以理服人，这样做只能有害。"

郭子仪的儿子郭旰抓着马缰不放，对郭子仪说："他们是虎狼，父亲你是大唐元帅，怎能将自己的血肉

第五章 飞箝

之躯送到虎狼的口中去呢!"

郭子仪说:"从今天的形势来看,若双方打起来,则不但我们父子都要牺牲在泾阳,而且国家也岌岌可危了。如果我亲自同他们开诚布公地谈一谈,也许能得他们的同意而撤兵,甚至联起手来赶走吐蕃,那就是国家的福分了。"

说完,郭子仪用马鞭打了一下郭旰的手,喊着:"去吧!"就同几名骑兵开城而出了。

来到回纥营前,郭子仪命人向回纥军中报信说:"郭令公来了!"回纥兵大惊。他们的大帅,名叫药葛罗。他拿着弓,搭着箭,做出准备发射的样子,立于阵前。

郭子仪解下头盔,脱掉战袍,丢掉手中的枪,一个人向回纥军前走去。回纥的酋长们见了,互相招呼说:"真是郭令公!"于是纷纷跳下马来,围着郭子仪拜下去。郭子仪也跳下马来,走向前去握住药葛罗的手。

双方寒暄后,郭子仪毫不客气地批评他们说:"你们回纥在帮助我大唐平定安史之乱时立了大功,我们大唐对你们回纥的报答也不薄。你们为什么要违背盟约深入我国境内,侵扰我们的地方,抛弃以前的功业,结下

新的冤仇呢?背弃恩德而帮助叛臣,为什么如此愚笨呢?仆固怀恩背叛大唐君王,抛弃他自己的老母亲,这种行为连你们回纥也是不能容忍的呀!今天我挺身而来,任凭你们把我抓起来杀掉,但是,我的部下是一定要同你们死战到底的。"

药葛罗连忙回答说:"仆固怀恩欺骗我们,胡说大唐皇帝已经死了,你郭公也已经不在世了,因此我们才敢和他同来。现在既然已经晓得大唐皇帝仍在长安,你郭公又带领兵马在此地,我们怎么肯同郭公你刀兵相见呢!"

郭子仪趁机向他们解说道:"吐蕃不讲道理,他们乘我大唐有困难,竟不顾两国之间有甥舅之亲,公然蚕食我们的边境地区,烧城杀民。他们抢掠的财物多得无法运载,马牛猪羊等牲畜长达数百里,漫山遍野。不过,这可是老天爷赏赐给你们的。如果大唐和回纥联合起来击败吐蕃,那么,他们所抢的东西就是你们的了。所以为你们着想,怎么样才更有利呢?机不可失呀!"

药葛罗说:"我们被仆固怀恩骗了,有负郭令公。现在我们回纥要为你尽一份力,打败吐蕃来感谢你,弥补我们的过失。但是,我们有一个要求,仆固怀恩的儿子是我回纥可汗的小舅子,希望赦免他,不要杀害。"郭子仪同意了。

回纥将士一直分成两翼在旁边观看,这时稍稍走向前来,郭子仪的部下见状也同时向前移动。郭子仪挥手让他们退后,便拿酒与药葛罗他们共饮。药葛罗让郭子仪先执酒为誓,郭子仪以酒洒地,立誓说:"大唐天子万岁!回纥可汗亦万岁!谁负此约,阵前身亡,家族灭绝!"

药葛罗也以酒酹地说:"我的誓言与郭令公完全一样。"

郭子仪终于同回纥订定了和约。吐蕃听到这一消息,当天夜里就逃走了。

二六、郭子仪收复洛阳

安史之乱期间,郭子仪收复了长安后,又奉命东进攻打洛阳。洛阳守将安禄山之长子安庆绪闻讯,连忙派部将庄严、张通儒领兵15万大军迎战。两军在新店遭遇了。新店之地地势险要,山高岭峻。叛军占据了有利地形,依山扎营,居高临下,而后军则处境不利。

郭子仪决定出奇制胜,挫败叛军。他趁叛军立足未稳,挑选了2000名精骑,向敌人发起进攻,又派了1000名弓箭手埋伏在山下,同时命令前来助战的回纥军从背后登山袭敌,他自己亲自率领唐军主力同叛军正面交锋。

战斗打响后,郭子仪佯装败退,叛军见状,勇猛追杀,想一举歼灭郭子仪,便倾巢出动,向山下扑来。突然,杀声四起,唐军埋伏的弓箭手万箭齐发。叛军碎不及防,纷纷中箭倒地。郭子仪趁机率军杀了回来。正在这时,回纥兵又从山背后杀出,将叛军团团围住。叛军很快便被打得七零八落,一败涂地。庄严率残部逃回洛阳后,劝安庆绪弃城北逃。安庆给无可奈何,只得放弃洛阳,渡过黄河,退守到相州。洛阳又回到了唐军手中。

二七、李存勖攻取濮阳

公元919年12月15日,后唐庄宗帝李存勖率军进发,到了距梁朝军营十里地时停住军队。当时,梁朝大将贺环在军中杀掉了另一名梁朝骑兵将领谢彦章,李存

第五章 飞箝

勖听说后说:"贼兵将帅自相残杀,怎么能不灭亡。"戊午日,李存勖下令让军队中老人、小孩回到魏州去,全军奔赴汴州。

庚申日,大军毁掉营寨,起兵前进。辛酉日,在临濮宿营,梁军也舍弃营寨跟在后面。癸亥日,李存勖在胡柳陂扎营。第二天天明时,梁军也赶到了。李存勖率领亲兵出营察看军情,众军士在后跟从。这时,梁军已摆好军阵,桓互东西数十里,李存勖也设下东西横阵同梁军抗衡。李存勖与李存市率河东、魏州之兵居于阵中,周德威率幽州、蓟州之师在阵西抵挡,镇、定两州军队守于阵西。梁朝将领贺环、王彦章率全军与李存勖交战,李存勖手挺银枪冲入梁军阵中,斩杀追击十多里地。贺环、王彦章各乘一骑向西逃向濮阳。李存勖军的粮草辎重都在阵西,阵西守军看见梁军旗帜,一惊而散,自相践踏,不能禁止,这样,李存勖一军失败,周德威战死。那时,战场的山坡中有一座土山,梁军数万人已先行占据了这座土山。李存勖率中军来到土山下。山上的梁军严明整齐,岿然不动,旗帜林立。李存勖对众军士大声说:"今天的战斗,谁夺得这座山谁就夺取了胜利。贼军已占据了它,我同你们各纵跨下之马去夺

鬼谷子

取它!"李存勖率骑兵先登上了山,步兵在后面挺枪跟进,终于夺取了土山。梁军兵将乱作一团退下土山,又在土山西面结成了数里长阵。这时,日头已将西下,有人说:"各路兵马还没有聚齐,不如先回营寨,明天再与梁军作战。"阎宝说:"我们深入敌境,与敌人强兵相遇,应该以全军的精锐,跟敌人一决雌雄。何恐敌军统帅已经奔逃而去,敌军人心惶恐,我们从高处往下冲杀,就会势如破竹。"银枪都将王建及身披铠甲,横握长矛近前对李存勖说道:"贼帅已经逃跑。我王的骑兵毫无损失,而贼兵在晚上大多数想回归营寨,这时候去攻击,一定能打败他们。且请大王您登山观望,监督我破敌的效果。"于是,李嗣昭率骑兵从土山北面攻逼梁军,王建及对着众兵士呼唤:"今天所丢失的粮草辎重,都在山下。"于是就大声呼喊着奋力向梁军冲杀,众兵士跟着也冲下山下,梁军被打得大败。当时元城县令吴琼、贵乡命令胡族各部落的万名夫在地上拖动账,扬起尘土,并大声呐喊,为王建及的进攻助长声势。梁朝兵将弄不清对方的虚实,骑兵步卒自相践踏,丢弃的铠甲堆积如山。

甲子日,李存勖传令巡视战场,缴获铠甲兵仗不计

其数。这时,李存勖军中有的兵士先进入大梁城打问驻军的地方,这使梁人十分恐慌,逼迫市民守城'。梁军残部逃回汴州的不满千人,李存勖军于是攻取了濮阳。

二八、杨行密施计平叛乱

唐末,杨行密被昭宗封为吴王,任淮南节度使。后来他拥兵自重,建立了以淮南(今江苏扬州)为中心的割据地盘。手下的诸多小军阀都能听话,惟有润州团结使安仁义、奉国节度使朱延寿不太听从节制。那朱延寿,仗着杨行密是自己的姐夫,培植势力,另立中心,有不轨之想。所以,杨行密暗中派入打入他内部去监视。

暗探来报,朱延寿与安仁义来往密切,信使不断。二人都极力扩充兵马,积蓄粮草。并且,朱延寿的姐姐、杨行密的夫人常有信使去朱延寿处,传递消息。听到这些,杨行密不能不认真对付。唐末的战乱局势是明摆着的,各大节度使都拥兵自重,不听朝廷调遣。看来,争夺天下的割据战争是避免不了的。欲对外作战,内部必须稳定。趁现在战争还未临到头上,正是稳定内

部的好机会。主意已定,他便设计起计谋来。

欲平定内部,看来必须消灭朱延寿等叛逆势力。但他们羽毛已丰,只可智取,不可强攻,否则二虎争斗,伤了势力,外部敌人便会乘虚而入的。欲智取朱延寿,先要迷惑他,包括他的姐姐。

于是他称自己患了眼疾,看东西一片模糊。朱延寿派使者来送信,他故意念得颠三倒四,说自己看不清字。后来,干脆让别人代念来信。使者将此情况汇报给朱延寿,朱延寿一听大喜,自己虽存另立之心,但深感杨行密不是好对付的,他带兵多年,英勇善战,自己硬拼恐怕不是他的对手。哪知天助人愿,如今杨行密患了眼疾,纵有千种本事,没眼也是白搭。但朱延寿仍不放心,不知杨行密是真瞎了眼呢,还是像司马懿迷惑曹爽那样设计赚人。思量再三,朱延寿决定让姐姐为自己试探一下,若那老匹夫真的瞎了眼,自己马上带兵进驻淮南王府,淮南这块地盘就姓朱了。朱延寿姐姐接到消息。便着力窥探、观察。见杨行密几时回家,都摸索探路,看来确有眼疾。但她仍不放心,怕一旦杨行密有诈,送了她弟弟的性命,于是生出一计来。

这天风和日丽,朱延寿姐姐约丈夫杨行密去湖边踏青。那湖边种了很多柳树,密密排排,很难走。朱延寿姐姐搀着杨行密,故意把他领到一棵柳树前。杨行密见状明白了这位夫人的用心,将计就计向柳树碰去,一下子碰得趴在地上,昏迷了过去。

朱延寿姐姐见丈夫真撞昏了,是眼瞎无疑,赶忙呼救。众人围来救了半日方苏醒。杨行密哭着对夫人讲:"原想成就一番大业,哪知天不遂人愿,却让我失了明。几个儿子都不争气,看来这吴王的位子只有交给延寿了。"

朱延寿姐姐闻听大喜,忙送信给朱延寿。朱延寿以探疾为名来到淮南。杨行密装作不能出门迎接,传朱延寿来卧室相见。杨行密早在枕头下藏了匕首,乘朱延寿俯下身来看眼疾时刺死了他。

朱延寿一死,杨行密休了朱夫人,发兵去润州擒获了安仁义,巩固了内部。

二九、狗岂认识"御赐"二字

明朝时候,宁王朱宸濠极爱玩鹤、皇上听说以后,便赐他一只丹顶鹤。朱宸濠就在白鹤的脖颈上挂了一块

镀金铜牌，上刻"御赐"二字，整日里牵着白鹤在大街上逛来逛去。

有一天，朱宸濠正在玩牌，不料那白鹤溜达惯了，就自个儿八角门里钻出来，在大街上晃悠。正好碰了二只狗，上去一口就把白鹤的脖子咬断了。朱宸濠听说以后，万分伤心，扬言要追查狗的主人，要狗的主人为白鹤抵命。

南昌知府祝瀚刚刚上任不久，他对宁王胡作非为的野蛮行径早有耳闻，非常下满。这天，宁王府的管家来向他传达宁王的"旨意"，说白鹤是皇上赏赐的，脖子上还挂着"御赐"金牌，那只狗竟敢无"礼"，说明它的主人犯了欺君犯上之罪，要祝瀚杀死狗的主人为白鹤偿命。

祝瀚心里很生气，但他转念一想，顿时有了主意，对宁王的管家说："王爷既然把案子交给我审理，那就公事公办，你写个诉状来。本府自有道理。"宁王管家听说要写状子，肚皮气得鼓鼓的，本想发人，又一想，这位知府刚上任不久，大概还不了解南昌城的规矩，写就写一个吧。不一会儿，递上来一份诉状。

祝瀚看过诉状，命令行役们捉拿凶犯。宁王管家

第五章 飞箝

伸手一拦说："且慢，人已带到，就在堂下。"祝瀚假装吃惊地说"诉状上明明写着凶手乃是一只狗。本府今日要开庭审狗，你抓人来干什么？"那管家一听，狐假虎威地说："宁王的意思是要杀人为鹤抵命，你审狗干什么？"祝瀚说："审案要依法，判罪要依法。这狗既敢行凶，背后定然有人指使，究竟何人指使，不审凶手怎么知道？"宁王管家一听，心想这分明是目中无宁王，便气急败坏地说"那狗不会说话，大堂上如何审问？"祝瀚笑着说："我只要把诉状放在狗的面前，它看后低头认罪，就可以定罪了。"管家一蹦三尺高，大声叫喊起来："那狗不识字，如何能看懂诉状？"祝瀚反问道："管家怎么知道那狗不认识字？"管家气急败坏地说："世上哪有狗能识字？"祝瀚听了这句话，一拍惊堂木，神情严肃地说："既然狗不识字，那镀金铜牌上的'御赐'二字如何认得？既不认识那'御赐'二字，这欺君犯上的罪行又从何说起？狗本是畜类，咬死白鹤乃禽兽之争，凭什么要让无辜百姓抵罪偿命？"

几句话问得管家张口结舌，只得灰溜溜地离开公堂。

鬼谷子

三〇、县官欲擒故纵

明朝时候，山西太原有一户殷实富裕的大户人家，兄弟两人分门立户过日子。弟弟多年无子，不到50岁又患病死去，只留下弟媳妇一人守寡。

寡妇年纪渐渐接近50，想在本族中找一侄子过继门下。哥哥知道这件事后，仗着自己的兄长地位，硬把自己的小儿子派到弟媳门下生活，准备将来继承弟弟的家业。这小儿子从小养尊处优，娇生惯养，只知吃喝玩乐，对弟姐不仅不顺，有时还连打带骂，盼望她早日死去泪己独占家产。弟姐忍气吞声，吃不好，睡不好，身体一天天垮下来。小儿子却变本加厉，甚至把弟媳赶出去不让进屋，有时还挥拳动武，把弟媳打得鼻青脸肿。弟媳实在忍无可忍，就到县里去告了一状。

县官听了寡妇的陈述，派人把哥哥和他的小儿子传来。哥哥说："过继乃是大事，我弟弟死得较早，理应由我为他做主立嗣。我儿子是他的亲侄儿，当然应该过继我儿子！"寡妇一听，委屈地说；"按理应该过继亲侄

第五章 飞箝

子,可是亲侄子不懂礼义,无情无义,让我一个寡妇人家怎么过呀!"

县官心里已经明白了几分,他朝着寡妇呵斥说:"你这好人说话无理,本县办事只遵循法律,不顾及情义。"当堂让双方签字画押,把哥家的小儿子过继给了寡妇,并让小儿子给寡妇叩了头,认了母亲。

哥哥喜气洋洋,寡妇却伤心垂泪。县官问她:"如今你已经有了正式的儿子,应该高兴才是,怎么反倒唉声叹气,流起眼泪来了呢?"寡妇抽泣着说:"大人,以前他只是口头过继给我,就对我又打又骂,肆意虐待;如今当堂认定,以后恐怕我连性命都保不住了,更不用说家产!像这样还不如我碰死在这里,也免去受他的气!"

县官问那小儿子可有此事,小儿子默不作声。又问哥哥,哥哥想反正已经过继给她了,还有什么说的?就对县官说他以后会改正的。

县官把脸一沉说;"好!本官依法办事,父母控告子女不孝,应当堂处死。来人啊,把这不孝之子用棍棒打死!"刚说完,衙役们走上前来,二话不说,把那小儿子按倒在地,左一棍有一棍地打起来。那小子疼得杀

猪般嚎叫,哥哥看在眼里、疼在心上,虽不敢多嘴多舌,却用祈求的目光看着县官。

县官摆一摆手,示意衙役们暂停行刑。他对哥哥说。"按法律规定你的儿子是必死无疑的。只有一个办法可以赦他一死,那就是不让你的儿子过继给死去的弟弟,这样,既无母子关系,罪行也就轻得多了。"

哥哥一听,连忙磕头,请求撤销过继。县官用欲擒故纵的手法,终于巧妙地惩治了贪婪的哥哥和无赖的儿子,帮寡妇出了气。

三一、曾国藩请将

曾国藩曾经与郭嵩焘、江忠源议论说,东南地区的形势大多因江河而受到阻碍,要想剿灭太平军非训练水师不可,于是奏请朝廷在衡州建造战船。工匠和士兵没有人熟悉船制的,短挠长桨,出自精思苦研,凭借人力战胜风水,遂建成大小二百四十只船。召募水、陆军队万余人,水军由褚汝航、杨载福、彭玉麟统领,陆军由塔齐布、罗泽南统领。太平军从江西向上游进犯,再度攻陷九江、安庆。江忠源在庐州战死,吴文熔在黄州督

第五章 飞箔

师也兵败而死。汉阳失守后，武昌宣布戒严，太平军又乘胜利的威势骚扰湖南。曾国藩锐意讨伐敌军，率领水陆军队东下。

水军刚一出鄱阳湖，遇上大风，损失了几十艘船。陆军抵达岳州，前锋部队溃败撤退，回到长沙。敌军攻陷湘潭，在靖港邀击官兵，官兵又失败，曾国藩羞愤地投水自杀，幕下的谋士章寿麟把他拉起来，才没能死去。与此同时，塔齐布在湘潭大败太平军，曾国藩乃在长沙高峰寺扎营，重振旗鼓，人人都椰榆嘲笑他。有人请他增加兵力，曾国藩说："我们水陆军队不是不多，但一遇敌军就溃败。在岳州失败时，水军御敌的只有载福一营；在湘潭之战中，只有陆军塔齐布、水军载福各两营力御强敌，因此我知道兵贵精不贵多。故而诸葛亮在祁山失败后，谋图减兵损食，勤勉地查找自己的过错，决不是一句空话。况且古人用兵，首先明确功罪赏罚。如今世道混乱，贤人君子都隐身匿迹，我以正义来倡导，与大家共同经历危难困苦。诸位当初跟从我，并非由于出自利诱而来，所以实行起法制来也有难言之隐，这便是导致失败的根源所在。"众将领听了以后都心说诚服。

鬼谷子

三二、孔镛诚信平叛乱

明孝宗时,任命孔镛做田州太守。到任才三天,州内的军队全都被调动出发到他处,而响族人突然进犯州城,众人提议关起城门来守城,孔镛说:"这是个孤立的城池,内部又空虚,守城能支持几天呢?只有因势利导,用朝廷的恩威去晓谕他们,或许他们会解围而去。"众人都感到这样做很难成功,认为孔太守的意见,是书生脱离实际的迂腐之谈。孔镛说:"既然如此,那么我们就只能束手待毙了吗?"众人说:"即便这样,应当谁前去呢?"孔镛接着说:"这是我的城池,我应当独自前去。"众人纷纷劝阻他,但孔镛立即命令准备好坐骑,并命令开城门放他出去。众人请他带着士兵去,孔否定了。峒族人望见城门开了,以为是军队出来交战,再一看,是一个官员骑着马走来了,只有两个马夫为他牵着马缰绳,而且城门随即关上了,峒族人拦住马问孔镛是干什么的,孔镛说:"我是新来的太守,你们领我到寨子里去,我有话要说。"峒族人摸不清他的底细,姑且带着他向前走去。走了很远,进入了树林中,孔镛回头

第五章 飞箱

一看跟从他的马夫溜走了一个。到了峒族人居住的地方,另一个马夫也溜走了。峒族人牵着马进入了山林中,夹道有许多人裸露着胸膛被捆在树上,央求孔镛救助他们;孔镛问他们是些什么人,从他们的回答中方知他们原来是州、县学中的秀才,在去州郡的路上被峒族人半路拦截来,因为不愿投顺峒族人,将被杀死。

孔镛先不顾他们,径直进入山洞,峒族人拔出刀来迎候,孔镛下了马,站在他们的茅屋里,看着他们说:"我是你们的父母官,要让我坐下,你们这班人来参见我。"峒族人取来了一个坐榻放在屋子中央,孔镛坐下了,招呼大家上前来,众人你看我、我看你地走上前来。他们的首领问孔镛是谁,孔镛说:"我是孔太守。"首领说:"莫不是孔圣人的儿孙吗?"孔镛说:"是的。"这时峒族人都围上来拜孔镛,孔镛对大家说:"我本知你们是良民,由于饥寒所迫,才聚集在这里苟且求个免于一死,前任官员不体谅你们,动不动就用军队来镇压,想把你们剿尽杀绝。我现在奉朝廷的命令来做你们的父母官,我把你们看成是晚辈,怎么忍心杀害你们呢!你们如果真能听从我的话,我将宽恕你们的罪过。你们可以送我回州府,我把粮食、布匹发给你们,以后

就不要再出来抢掠了。而如果不听从我的话,你们可以杀了我,但是接着就会有官兵向你们兴师问罪,一切后果就由你们承担了。"在场的峒族人都惊呆了,说:"要是真的像您说的那样体恤我们,在您任太守期间,我们绝不再骚扰进犯州府。"孔镛说:"我一语已定,你们何必多疑。"众人再次拜谢。孔镛说:"我饿了,请给我备饭。"众人杀牛宰羊,还做了麦屑做的饭招待他。孔镛饱餐了一顿,众人对他的胆量都很惊讶和佩服。孔镛当时看天色晚了,又对众人说:"今天我来不及进城了,就在这里住一宿吧。"众人为他准备好了卧室,孔镛从容入睡。第二天他吃了早饭说:"我今天回去了。你们这些人能跟随我前去取粮食、布匹吗?"众人说:"好吧。"于是牵着马,送他出树林,峒族人中有几十个骑士跟从着他。

孔镛走到山林夹道处对峒族人说:"这些秀才是好人,你们既然已经归顺朝廷,就应该放了他们,让他们跟我一起回去。"峒族人给秀才们松了绑,把帽子和衣服还给了他们,秀才们纷纷跑了。黄昏时分,孔镛到了城门下,城楼上的官吏看见了他,惊讶地说:"必定是太守害怕而投降了峒族人,领着他们攻打城池来了。"

第五章 飞箝

因而,众官员抱着怀疑的心情,拒绝开城门。孔镛笑着对峒族人说,你们暂且留步,我自己进城,然后再出来犒赏你们。峒族人后退了一段距离,孔镛入城。孔镛入城后令手下人取来粮食和布帛,然后从城墙上扔给峒族人,峒族人得到粮食和布帛以后道谢而归。后来峒族人就不再做扰民的事了。

第六章 忤 合

第六章 刊 合

第六章　忤合

忤合①第一

凡趋合倍②反，计有适合。化转环属，各有形势。反覆相求，因事为制。

是以圣人居天地之间，立身、御世、施教、扬声、明名③也，必因事物之会，观天时之宜，因知所多所少，以此先知之，与之转化。

世无常贵，事无常师。圣人无常为，无不为，所听，无不听。成于事而合于计谋，与之为主。合于彼而离于此，计谋不两忠，必有反忤④。反于是，忤于彼；忤于此，其术⑤也，反于彼。

用之于天下，必量天下而与之；用之于国，必量国而与之；用之于家，必量家而与之；用之于身，必量身材能气势而与之。大小进退，其用一也⑥。必先谋虑，计定而后，行之以忤合之术。

【注释】

①忤合:忤,抵融、背逆的意思。合,符合,不违背的意思。忤合,在这里是指以忤求合,先忤后合。

②倍:通"背"

③明名:彰明名分。

④忤:有意模糊或错置双方的分歧点。

⑤术:指反忤之术。

⑥大小进退,其用一也:事大事小,欲进欲退,运用反忤之术的道理是一样的。

【译文】

无论是凑上前去迎合人,还是转过身来背离他,计谋都要得当。事物的发展变化,就像圆环旋转一样,各自呈现不同的形势。因此,应该反复探求事物的连续性和独立性,根据不同事态,制定不同的措施。

圣人在天地之间立身处世,其作用就是实施教化,宏扬名声,阐明事物名分,必须依据事物转化的时机,寻找适宜的天时,以此预测需要实施多少政教,根据它们的变化确定自己的方针决策。

世上没有永远高贵的事物,做事情没有永远不变的法则。圣人做的事,没有什么不包括在内的;圣人所听的事,

第六章 忤合

没有什么不听到的。假如哪位君主办事能成功，计谋与己相合，就选择他为自己的君主。这些计谋，如果合于那一方，就会与另一方发生矛盾。计谋不可能对双方都有利。因此必须有"反忤"之术。如果与这一方利益相合，就必然违背那一方的利益，如果违背这一方的利益，就必定适合那一方利益。这是反忤之术的基本法则。

把这种忤合之术应用于天下，必须要先考虑天下的情况，制定措施再决定合于谁。如果应用到诸侯国，一定要先考虑各诸侯国的情况再决定合于谁。如果把它应用到一户人家，必须要先了解这家人的实际情况，再决定合于谁；如果把它应用到一个人身上，必须要考虑那个人的才智、能力、气度、再决定怎样做。无论对象、范围的大小或策略的进退，反忤术运用的原则都是一致的，一定要先谋划考虑好，心中计谋已定，决定去留，然后用飞钳之术来实现它。

【感悟】

运用忤合之术，要注意言谈的顺逆，有时需要迂回曲折，有时要不怕忤逆人性，力陈事实，坚持真理。当对方认识模糊时不妨寻求暂时合作以进一步观察认识对方，然后再作打算。

 鬼谷子

【故事】

一、殷鉴不远

"殷鉴不远"意思是指前人失败的教训就在眼前。

此典出自《诗经·大雅·荡》:"殷鉴不远,在夏后之世。"

在我国历史上,第一个朝代叫夏。相传是夏后氏部落领袖禹的儿子启建立的奴隶制国家。夏建都安邑(今山西夏县北)、阳翟(今河南禹县)等地。夏朝共传了十三代、十六王,最后一个君王叫桀,又称夏桀。夏桀是一个荒淫暴虐的君王,最后被汤灭掉了。

汤灭夏桀后,建立了商朝。这个朝代共传了十七代、三十一个王,最后一个君王叫纣,又称商纣。商纣王也是一个荒淫暴虐的君王,执政期间,政治腐败,周族首领伯昌曾经规劝纣王,说:殷商的教训不用向远处去找,就在夏桀那一代。也就是告诉纣王:夏代的灭亡,应当作为殷商的鉴戒。但是,昏庸的纣王不仅没有听从劝告,还囚禁了伯昌。最后商朝终于毁在纣王的手里。

二、与民偕乐

"与民偕乐"表示领导与群众共同享受快乐。

此典出自《孟子·梁惠王上》:"古之人与民偕乐,故能乐也。"

有一次,孟子去朝见梁惠王。他去的时候,梁惠王正在御花园里观赏鸟兽游鱼。孟子看到梁惠王兴致正高,不便打扰,也就站在一旁观赏,梁惠王回过头来对孟子说:"有道德的人也喜欢享受这种快乐么?"

孟子回答说:"有道德的人,才能享受这种快乐;没有道德的人,是无法享受这种快乐的。"

梁惠王问:"这句话怎么讲呢?"

孟子说:"《诗经·大雅·灵台》中说:周文王修建灵台'经之营之,庶民攻之。'要知道:在修建的过程中,周文王是很善于经营筹划的。他常常对百姓说:'慢慢修吧,大家不要着急。'可是百姓听了这种话,就觉得文王非常关心他们,反而拼命地干活,于是灵台很快就修好了。灵台修好之后,里面养着油光水滑的麋鹿、羽毛洁白的飞鸟;池塘里养的各种鱼鳖都活蹦乱

跳。周文王一进入灵台,就感到非常快乐。故'古之人与民偕乐,故能乐也'"。

梁惠王听了,默然不语。

三、人面兽心

"人面兽心"比喻外貌像人,内心却极端凶恶、卑鄙。

此典出自《列子·黄帝》:"夏桀殷纣鲁桓楚穆,状貌七窍皆同于人,而有禽兽之心。而众人守一状以求至智,未可几也。"

据说杨朱有一次在梁国遇上老子,便将老子请到家里,梳洗完毕后跪伏在地上,向老子请教,老子给他讲了这么一个道理:

看人看事,不能只看他的外表怎样,主要应该看他的内心。圣人都是看内心的,而不看外表。然而庸人俗子只看外表,外表与我不同的,我就疏远他。如果看人,只要有身子、手、脚、头发、牙齿,你都说他是人,然而这种人不一定就有一颗兽心。他虽然长着一颗野兽的心,但外表与人一模一样,你也会亲近

第六章 忤合

他。那些长有翅膀,有角、有爪、能飞、能跳的是禽兽。然而禽兽未必没有一颗人心,它们虽然有人心,但外表不与人相同,你还会疏远它的。以前的伏羲氏、女娲氏、神农氏、夏后氏,全部都是蛇身人面、牛头虎鼻,没有人的外表,可他们却有至高无上的圣德。夏桀、殷纣、鲁恒、楚穆这些家伙,虽然外表都与人相同,可是却心狠手辣。假如人们只看外表而以为他们也有德行,那不是上当了吗?禽兽之心智也有与人相似的地方,例如它们会找东西吃,雄雌相偶,母子相亲,逃避敌害,躲寒就温,居则成群,行则有列,幼者居内,壮者居外,觅食相助,遇害群鸣……。可是禽兽的心智远不如人,人故而可以使唤它们。黄帝与炎帝的时候,让熊罴狼豹上战场作战,让雕鹰鸢鸟协助攻敌,这是用力量驯化禽兽的结果。尧帝就不同了,他使用音乐使令百兽跳舞,使用箫、笛让凤凰来仪,百鸟唱歌。这些全是上古之人的神圣所在呀,他们知道万物的情态,了解异类的声音,才能够驯化它们,只有圣人才能做到啊!"

杨朱听了老子的这番话,对他更加佩服了。

鬼谷子

四、直上青云

"直上青云"比喻人的地位直线上升。

此典出自《史记·范雎蔡泽列传》:"贾不意君能自致于青云之上。"

战国时,范雎随魏中大夫须贾出使齐国。回来后,须贾在魏相魏齐面前说他的坏话:"范雎出使齐国时与齐王来往密切,不知暗地里都做了什么。"于是,范雎遭到严刑拷打,昏死过去。苏醒后,他逃到秦国,不久当了宰相,取名叫张禄。魏国的人却认为他已经死了。

过了一年,须贾出使秦国,不知是什么原因被秦国留了下来。一天,范雎穿一身破烂衣服,来到须贾的住处。须贾一见,猛吃一惊:"你不就是范雎吗?怎么在这里?"范雎叹息说:"唉,我从魏国逃出来后,就到了秦国。如今给别人当佣人。"须贾充满同情地说:"想不到你依然贫寒啊!"说着,就取出一件绸袍赠送给他,对他说:"我听说,秦国宰相张某深受秦王信任,秦国的大事都由他决定,不知你有没有熟人认识他?"范雎说:"我家主人认识他,我们前去问问看。"于是两人来

第六章　忤合

到宰相府，府中的人看见范雎来了都远远地回避，须贾觉得十分奇怪。范雎叫须贾稍等一下，他去通报主人。

须贾在外面等了很久不见有人出来，就问看门人说："范雎为什么还不出来？"看门人说："这里没有叫范雎的人。"须贾说："就是刚才和我们一起来的那个人。"看门人笑了起来："那是我们的张宰相。"须贾一听，吓得面如土色，连忙跪在地上。不一会儿，范雎在众人的簇拥下走了出来。须贾叩头说："想不到你踏着白云直上青天（"贾不意君能自致青云之上。"）。我的罪过拔下头发也数不清，现在任凭发落。"（"摧贾之发以赎贾之罪尚未足。"）范雎说："你的罪过确实不少，但先前赠我绸袍时，你表现出恋恋不舍的样子，就像老朋友一样，所以我会放你回去。"说完，范雎就离开了。

第二天，秦国果然释放须贾回国了。

五、丧心病狂

"丧心病狂"意思是丧失理智，言行悖谬，像发了疯一样。

此典出自《宋史·范如圭传》："公不丧心病狂，

鬼谷子

奈何为此？必遗臭万世矣！"

秦桧是南宋投降派的代表人物。他是政和进士。北宋末朝任御史中丞。靖康二年（公元1127年）被俘到北方，成为金太宗弟挞的亲信。公元1130年随金军至楚州（今江苏淮安），被挞懒遣归。他却谎称杀死防守士兵，夺船逃回。绍兴年间他两任宰相，前后执政十九年，主张投降，为高宗所宠信。他杀害抗金名将岳飞，并且主持和议，还决定向金称臣纳币的政策，因此后来被百姓世代痛恨、唾骂。

有一次，金国的使者来到南宋京城，会谈议和条件。使者倚仗金国在军事上的优势，出言荒谬，态度十分傲慢，向南宋政权提出许多无理的要求，遭到朝野主战派官员的一致强烈反对。校书郎兼史馆校勘范如圭更是悲愤欲绝。他和秘书省的十几个同僚一起，痛骂金国使者，怒斥投降派卑鄙无耻。他们写了一份慷慨激昂的奏章，打算上书宋高宗，反对屈辱求和。可是，奏章写好之后需要签名的，人们害怕秦桧等人的淫威，担心遭到投降派的打击报复，于是就纷纷打起退堂鼓来。

范如圭见这些人这样胆小怕事，又气又恨，于是

独自一人写了一封信给秦桧,痛斥他丧权辱国、卖国求荣的罪行。信中指责秦桧说:"你秦桧如果不是丧失理智,言行荒谬,像发了狂一样,怎么能够干出这种卑鄙可耻的事情呢?你一定会遗臭万年,被子孙后世所唾骂!"

六、狡狐捕雉

"狡狐捕雉"这个故事告诉人们,狡猾的敌人惯于隐蔽起来,搞阴谋诡计。

此典出自《淮南子·人间训》:"夫狐之捕雉也,必先卑体弥耳,以待来也。雉见而信之,故可得擒也。使狐瞋目植睹,见必杀之势,雉亦知惊惮远飞,以避其怒矣。"

狡猾的狐狸捕捉山鸡时,总是先蜷缩起身体,耷拉下耳朵,隐蔽起来等待山鸡的到来。山鸡觉得没有危险,便放松了警惕,因而狐狸能够出其不意地捉到它们。

如果狐狸横眉怒目,现出一副张牙舞爪、杀气腾腾的样子,山鸡也就知道害怕了,就会立刻躲避起来。

鬼谷子

七、借箸代筹

"借箸代筹"表示代人策划。

此典出自《史记·留侯世家》:"请借前箸为大王筹之。"

秦朝末年,项羽把刘邦围困在荥阳,刘邦忧心忡忡,与谋臣郦食其谋划对策,郦食其说:"从前汤武讨伐夏朝的桀,分封其后代在杞,周武王讨伐商代的纣,分封其后代在宋。后来秦国背信弃义,侵略诸侯,灭了六国,他们的后代失去了生存的地方。如果陛下恢复六国,送去大印,他们一定会感恩戴德,为陛下效劳。这样,项羽就会势单力薄。"刘邦说:"这个计策很好。你立刻负责刻印,然后送往六国。"

这时张良从外面进来。刘邦正在吃饭,就招呼张良说:"你来得正好,刚才有人建议分封六国的后代,你觉得怎么样?"张良听了,叹息一声说:"谁给陛下提的建议?陛下的大事完了!"刘邦诧异地问道:"为什么呢?"张良说:"请陛下把前面这支筷子借给我一下。"张良接过筷子后,一边画来画去,一边说:"从前汤武、周武王分封灭亡国家的后代,是因为他们能将敌国置之死地,现在陛下能将项羽置之死地吗?"刘邦摇头说:"我被项羽包围,怎么能置他于死地呢?"张良接着说:"汤武、周武王的分封都是在消灭敌人、销毁兵器、战马放归、天下稳定以后才进行的,现在跟随陛下的将士,都来自六国,他们抛妻别子,血洒疆场,无非是希望有朝一日获得一块土地。如果恢复六国,那么他们就要离去,谁给陛下打天下呢?因此我说陛下的大事完了。"

刘邦听了张良的一番话,将口里的食物喷向郦食其,大声骂道:"呸,你这个臭书呆子,差点坏了我的大事!"

八、狙公分栗

"狙公分栗"形容聪明人善于用手段驾驭他人。

此典出自《庄子·齐物论》、《列子·黄帝篇》。

有一个宋国人养了一大群猴子。天长日久,他能猜得到猴子的心意,猴子也能听懂他的话。由于他非常喜欢猴子,人们便称他狙公(狙,就是猴子)。狙公为了

鬼谷子

养活那群猴子，甚至不惜减少家里人的口粮。但猴子太多，消耗太大，渐渐地粮食不够吃了，他不得不想法限制猴子的食粮。

一天，狙公把猴子们召集来，对它们宣布说："从今天起，按定量给你们分配山栗（即橡实）。每天早晨三个、晚上四个，你们同意吗？"

猴子听了，认为分的山栗太少，都非常不满，纷纷向狙公"吱吱"大叫，表示抗议。

狙公非常熟悉猴子脾气，知道如何对付它们。等猴子们吵闹一阵后，他又不慌不忙地说："既然你们不满意，那么就增加一点，改为每天早上四个、晚上三个，这样总可以了吧？"

猴子再机灵，也只是畜生，不会算计。它们听说早上由三个山栗改为四个，就都以为口粮有所增加，于是就安静了下来，不再吵闹。

九、武安君计议降兵

秦昭王四十五年（公元前262年），秦国军队攻打韩国的野王县。野王县向秦国投降，韩国通往上党的道

第六章 忤合

路就被堵绝了。上党郡守冯亭同老百姓商量说:"上党通往郑都的道路已经被堵绝了,韩国必定再也不能把我们作为它的臣民了。秦国军队日益进逼,而韩国军队又不能接我们,我看不如上党归附赵国。赵国如果接受我们,秦国必然发怒,一定会派兵攻打赵国。赵国遭到攻击,一定会亲善韩国。如果韩、赵二国联合为一体,就可以抵挡住秦国的进攻。"于是,郡守派人向赵国通报这件事。赵国孝成王就和平阳君、平原君商量这件事。平阳君说:"不如不要接受。如果接受,那么遭到的灾祸会比得到的利益还要大。"平原君说:"不费一兵一卒就能得到一个郡,我看就接受了吧。"于是,赵国就接受了上党郡,并封冯亭为华阳君。

秦昭王四十七年(公元前260年),秦国派左庶长王龁攻打韩国,占领上党。上党的百姓纷纷逃往赵国。赵国派兵驻扎在长平,以便镇抚上党的百姓。四月份,王龁攻打赵国,赵国派廉颇为大将,率军抗秦。赵国的士兵侵扰了秦国的斥候兵,秦国的斥候兵就杀了赵国的稗将茄。六月份,攻破赵国军队,占据了两个城堡,俘掳了四个都尉。七月份,赵军建筑起垒壁来防守。秦军又攻破赵军的垒壁,俘掳了两个都尉,夺取了西边的垒

壁。廉颇坚守住垒壁等待秦军的进攻。秦军屡次挑战，赵军皆不出来应战。赵王为此屡次责备廉颇。这时，秦国宰相应侯派人携带千金到赵国实施反间计，说："秦国所痛恨和惧怕的只有马服子赵括将军，而廉颇并没有什么可怕，马上就要投降了。"赵王原来就已恼怒廉颇损失许多军队，屡次失败，又坚守垒壁不敢出战，如今，又听到秦这些反间的言论，于是就派赵括代替廉颇领兵抗击秦军。秦国听说马服子赵括做了赵军主帅，就暗中派武安君白起担任"上将军。王龁为尉稗将，传令军中，谁敢泄露武安君白起为上将的消息、就立即斩首。赵括到了前线，就率兵出击，攻打秦军。秦军假装失败逃跑，又布置两支奇兵准备偷袭。赵军乘胜追击，直到秦军的壁垒，秦军的壁垒坚不可摧，赵军攻不进去，而秦国的二万五千奇兵断绝了赵军的退路，又有一支五千人的骑兵部队把赵军阻绝在壁垒间，赵军被分割成两部分，并且运粮道路被堵绝。这时，秦国又派出轻便的精锐部队进攻赵军。赵军战势不利，就高筑壁垒防守，等待救援队的到来。秦王听说赵军的粮道已绝，就亲自到河内，赐予百姓各一级爵位，征调十五岁以上的壮丁，全部集结到长平，以便阻绝赵国的援军及粮草。

第六章 忤合

到了九月份，赵军已有四十六天没得到粮食了，就暗中残杀相食。攻打秦军壁垒的部队想突围出去。他们分为四队，冲了四五次，没能够冲出去。主将赵括亲自率领精锐部队上阵搏杀，结果被秦军射死。赵括的部队演不成军，士卒四十万人投降武安君自起。武安君计议说："先前秦军已经占领上党，可上党的百姓不愿意做秦国的臣民，纷纷归附赵国。赵国的士兵反复无常，如果不把他们全部杀掉，恐怕会酿成祸乱。"于是，使用欺骗手段将赵国的降兵全部活埋，只留下二百四十个年幼的小兵放归赵国。前后杀死或俘虏了四十五万人，赵国百姓大为震惊。

一〇、抵抗秦国的计谋

秦国杀了商鞅，但却没有改变商鞅的法令。商鞅新制定的土地所有制，不但在秦国得到了实施而且其他国家也有仿效的。各国都有新兴的商人地主，他们要把封建领主土地公田制改变为税亩制。六国的旧领主还想保持他们原来的割据统治，新兴的土地所有者要求有一个符合他们利益的统一政权。新旧土地所有者的矛盾，形

成为当时最突出的两派对立的政治斗争。列国分成了两派，无论使用什么名义，也不管其中发生了多少错综复杂的事件，新的土地所有者主张亲秦，展开"连横"运动，旧领主和他们的追随者主张抗秦，展开反连横的"合纵"运动，有时亲秦派得势，有时抗秦派抬头。就在这种形势下，两个能说善道的政客应运而出。一个主张"合纵"，认为中原诸侯应当联合起来一起抵抗西方的秦国，造成南北联合的局面。从地理位置上看，南北合成一条直线，所以叫"合纵"。一个主张"连横"，认为中原诸侯应当跟秦国友好，造成东西联盟的局面。从地理上看，连成一条横线，所以叫"连横"。从此，"合纵"，"连横"，闹得天下鸡犬不宁。

依赖"合纵"出名的人叫苏秦。他是洛阳人，本来是个政客，没有一定的主张。合纵也好，连横也好，他只打算凭着能说善道的嘴，弄到一官半职，不论哪个君王都可以做他的主子。他想先去见周显王，可是，别人不愿意把他引荐给周显王，他就改变了主意，到秦国去。他见了秦国就说连横的好处，秦国怎么怎么强大，劝秦王一步一步地兼并六国。哪知道秦惠文王自从杀了商鞅，就不怎么喜欢外来的客人。他听完了苏秦的话，

第六章 忤合

挺客气地回绝他,说:"我的翅膀还没长那么硬,哪能飞得高呢?先生的话虽说很有道理。可是我得先准备几年,等到翅膀硬了,再请教先生。"苏秦碰了软钉子,只好走了。

可是他并没死心,还想着叫秦王用他。他费了好多工夫,写了一部书,说明兼并列国的方法。他把这部书献给秦惠文王,但却没被接受。他在秦国住了一年多。

苏秦回到家里,遭到家人的埋怨。他在家苦研一年多各国政治、军事、地理、各诸侯心理等,学业有成,便再去游说六国。他想:"七国中,秦国最强,秦王不用我,我不如去游说六国,叫他们联合起来去抵抗秦国。"他先到了赵国。赵肃侯(赵成侯的儿子)正用他的兄弟为相国,称为奉阳君。苏秦先去结交奉阳君,向他阐述了一通抗秦的道理。没被接受,便去了燕国去求燕文公。

苏秦对燕文公说:"燕国在列国当中,虽说有两千里土地,几十万士兵,六百辆兵车,六千多骑兵,但如果与西边的赵国、南边的齐国相比,就显出力量薄弱了。近几年来,赵国强大了,齐国强大了。可是强大的国家老打仗,弱小的燕国反倒太平无事。大王您知道这

是为什么吗?"燕文公说:"不知道。"苏秦说:"燕国没受到秦国的侵略,是因为有赵国挡住秦国。秦国离燕国远,就是要来侵犯的话,也必须要路过赵国。因此,秦国绝不能越过赵国来侵犯燕国的。可是赵国要来打燕国,那就太容易了。早上发兵,下午就能到。大王不跟近邻的赵国交好,反倒把土地送给离自己那么远的秦国,这个做法很不妥当。要是大王用我的计策,先去跟邻近的赵国订立盟约,然后再联络中原诸侯共同抵抗秦国。这样,燕国才能够真正安稳。"燕文公很赞成苏秦的办法,但怕列国诸侯不能齐心协力。苏秦说他愿意先去跟赵侯商量。燕文公就给他预备礼物、路费、车马、仆从,请他去跟赵国联系。

苏秦到了赵国,这时奉阳君已经死了。赵肃侯听说燕国有位客人来了,亲自迎接,说:"贵客光临,有何指教?"苏秦说:"如今中原各国,最强盛的就是赵国,秦国觊觎的也是赵国。可是秦国却不敢发兵来侵犯,这是为什么呢?还不是因为赵国的西南边有韩国和魏国挡住秦国吗?可是有一点,韩国和魏国并没有高山大河可以防守,如果秦国真的率兵去打韩国和魏国的话,这两国很难抵抗。如果韩国、魏国投降了秦国,赵国也就要

第六章　忤合

灭亡了。我仔细研究了地形和政治，中原列国的土地比秦国大五倍，列国的军队比秦国多十倍。如果赵、韩、魏、燕、齐、楚，六国联合起来共同抵抗秦国，还怕打不过它吗？为什么各国都要拿自己的土地去奉承秦国呢？六国不联合起来反而分别割地求和，绝不是办法。要知道六国的土地有限，秦国的贪心可是没完没了的。割地求和是亡国政策。反过来说，如果大王和其他诸侯，结为兄弟，订立盟约，不论秦国侵犯哪一国，其余五国一块去抵抗。一个孤立的秦国还敢欺负联合起来的六国吗？联合起来共同抵抗敌人是救国政策。我建议大王邀请列国诸侯到洹水来开大会。"赵肃侯是个有血气的青年，非常赞成苏秦合纵抗秦的政策。他拜苏秦为相国，把赵国的相印交给他，又给了他一百辆车马、一千斤金子、一百只玉璧、千匹绸缎，让他去联合各国诸侯。

苏秦当上了赵国的相国，准备去联络韩国和魏国。他刚要动身，赵肃侯召他入朝，说有要紧事商量。苏秦连忙去见赵肃侯。赵肃侯对他说："刚才接到边疆的报告，说秦国攻打魏国，把魏国打败了，魏王求和，把河北的十座城送给秦国。万一秦国来打赵国怎么办呢？"苏秦心里吓了一跳，他想：如果秦国军队到了赵国，赵

国准会像魏国一样割地求和,他那合纵的计策不就吹了吗?但他表面上仍然神色自若,拱着手,说:"我研究过了,秦国的兵马已经疲惫不堪了,绝对不会很快就能打到这里的。万一来了,我也有退兵的办法。"赵肃侯说:"既是这样,你先别出去。如果秦兵不来这里,到那时候你再动身吧。"苏秦只好留下,请赵肃侯加紧作好防御秦兵的准备。

一一、曹操兵败黄盖

建安五年(公元200年),孙策去世,孙权统领大事。周瑜带兵前来奔丧,就留在吴县,以中护军身份和长史张昭共同掌管诸事。建安十一年(公元206年),他统率孙瑜等人讨伐麻屯、保屯,将他们的首领斩首示众,俘虏了一万余人,然后回军防守宫亭。江夏太守黄祖派将领邓龙率兵数千人进入柴桑,周瑜追击,生擒邓龙送到吴县。十三年(公元208年)春天,孙权讨伐江夏,周瑜担任前部大督。

这一年九月,曹操进入荆州,刘琼全军投降,曹操得了他的水军,船只、步兵数十万,吴军将士听了都很

第六章 忤合

恐惧。孙权召见下属各官员,询问计策,大家都议论说:"曹操是豺虎一样的人,但他凭借汉朝丞相的身份,挟持天子,征讨四方,动不动以朝廷的名义,如今若抵抗他,事情会更加不顺利。况且将军的有利形势,能够凭借它抵御曹操的,便是长江天险。现在曹操得了荆州,全部占领了那片地方,刘表训练水军,蒙冲斗舰竟要用千的单位计算,曹操全部布置在沿江,又有步兵,水陆齐下,就是长江之险,曹操也已经与我方共有了。而敌我双方实力悬殊,无法相提并论。我等认为最好还是迎纳他。"周瑜说:"不对。曹操虽然名为汉相,其实是汉贼。将军有神勇英武的雄才,又依仗父兄的功业,割据江东,土地方圆数千里,士兵精良,物资充足,英雄之士,乐于报效,应当纵横天下,为汉家朝廷铲除奸邪,消灭祸害。况且曹操自己来送死,难道还能去迎接他吗?请允许我为将军筹划此事:如今即使北方已经安定,曹操没有后顾之忧,可以耗费许多时间来争夺疆域,又能和我们在船舰上决出高低吗?现在北方并未安定,加上马超、韩遂还在关西,是曹操的后患。况且他舍弃鞍马,凭仗舟船,和吴越争斗较量,这本不是中原人的长处。现又处于太寒时节,军马没有草料,他们驱

鬼谷子

赶中原士兵远来江湖之间,水土不服,必然发生疾病。这几种情况,是用兵的禁忌,而曹操都冒犯了。将军捉拿曹操,今日正是适合的时机。我请求拨给精兵三万人,进驻夏口,保证为将军击破曹操。"孙权说:"老贼想要废除汉室自立为帝,蓄谋已久,只是顾忌袁绍、袁术、吕布、刘表与我罢了,如今几位英雄已经被消灭,只有我还在,我与老贼,势不两立。您说应当击破他,与我意甚为符合,这是上天把您送给我啊。"

这时刘备被曹操击败,想要带兵南撤过江,和鲁肃在当阳相遇,就共同策划计谋,因而进驻夏口,派诸葛亮来见孙权。孙权就派周瑜和程普等同刘备并力迎击曹操,两军在赤壁相遇。这时曹军士卒已经发生疾病,初次交战,曹军就被击败,退驻江北。周瑜等驻扎在南岸。周谕部下将领黄盖说:"现在敌众我寡,难以和他们长久相持。但是看曹军的船队,首尾是固定连接着的,可以用火攻来打败他。"于是周瑜调来大型战船数十艘,船中装满柴草,灌上膏油,外面用帷幕盖住,船上立起牙旗,事先用书信报告曹操,假意说要投降。又预备了快艇。连接在大船的后面,依次向前行驶。曹操部队的官兵都伸长脖子观望,指点着说黄盖来投降了。

第六章 忤合

黄盖放开前面的大船，同时点起火来，此时风势猛烈，大火蔓延到岸上的军营。顷刻之间，便火焰冲天，曹军人马被烧死、淹死的不计其数，曹军于是败退，回师保守南郡。刘备和周瑜等人共同追击。曹操留下曹仁等守江陵城，自己径直返回北方了。

一二、邓艾灭蜀

公元263年，魏国派大军进攻蜀国。魏征西将军邓艾率30000精兵直取甘松、沓中，钳制蜀将姜维，又遣诸葛绪率领30000人断绝姜维的退路。魏将钟会率10万之众分别从斜谷、骆谷、子午谷攻打汉中。姜维得知钟会大军已进入汉中，便率兵撤退，集中兵力坚守剑阁。

剑阁之地素以险要著称，一夫当关，万夫莫开。姜维据险扼守，钟会久攻不下。邓艾分析了蜀军的形势，认为蜀军已经吃了败仗，魏军应从阴平道经汉中德阳亭到涪城，以奇兵袭击敌人腹地。如果据守剑阁的蜀军分兵去救援涪城，那么钟会就可以率战车并列前进；如果剑阁蜀军不去增援，那么救援涪城的兵力就很少了。这是一种攻敌不备的策略。

在这之后,邓艾率军出阴平,跋山涉水,历尽千辛万苦抵达涪城。蜀将诸葛瞻率兵阻击,蜀军前卫被邓艾迅速击退,魏军锋芒直迫绵竹。诸葛瞻从涪城回师,增援绵竹。邓艾写信劝说诸葛瞻归降魏国,诸葛瞻拒绝了,并下令蜀军摆开阵势拒守。邓艾派邓忠进攻蜀军右翼,师纂进攻蜀军左翼。邓忠、师纂二将进攻蜀军一开始受挫,后来激战多时才大破蜀军,斩杀了诸葛瞻。

成都蜀军没料到魏军会突然到达,立刻惊慌失措,乱作一团,无力抵抗。蜀后主刘禅见大势已去,便向邓艾投降了。蜀国从此灭亡。

一三、好谋无决

郭嘉是三国时曹操的重要谋士,他为曹操除掉吕布征讨袁绍,立了大功。郭嘉少时见识超群,当时朝政危乱,预见天下将有争斗,便在家乡隐名埋姓,密交豪杰。开始,他想投奔袁绍,见到袁绍后,他又改变了主意。

袁绍手下的谋臣辛评、郭图问郭嘉:"你见了袁绍,对他的印象如何呀?"

郭嘉毫不客气地回答说:"我看袁绍只想效法西周

第六章　忤合

的周公，屈己尊人，但不懂得使用人才，所希望的东西那么多，不知道哪些是最重要的；喜欢多虑而缺少决断。与袁绍这种人共济天下大难，夺取霸王之业，太难啦！"说完，郭嘉离开袁绍而投奔曹操。

曹操见到郭嘉，问他："袁绍地广兵强，我想讨伐他，可是觉得力量不够，怎么办？"

郭嘉恭敬地回答说："刘邦、项羽的力量开始相差很大，但是刘邦却胜利了。项羽虽然强大，最终却免不了失败。据我分析，目前袁绍必败，而您必胜；袁绍外宽内忌，用人而疑，而您外简内机，唯才而用；袁绍多谋少决，失在后事，而您策得及行，应变无穷；袁绍大臣争权，谗言惑乱，而您御下以道，浸润不行；袁绍好为虚势，不知兵法，而您以少克多，用兵如神……所以袁绍必败！"

曹操听了郭嘉的一番话，兴奋地说："使我成大业者，必此人也！"

郭嘉对曹操也非常满意，说："曹操真是我想找的主公呀！"

郭嘉帮助曹操取得很大胜利，可惜只活到三十八岁就病死了。曹操对他的死感到非常痛心，亲自下表悼念

他说:"军祭酒郭嘉,自从征伐,十有一年。每有大议,临敌制变。臣策未决,嘉辄成之。平定天下,谋功为高。不幸短命,事业未终。追思嘉勋。实不可忘……"

一四、缓兵之计

蜀汉建兴七年夏,诸葛亮与司马懿在祁山作战。司马懿令郭淮、孙礼引兵五千去救武都、阳平,并抄在蜀兵之后,让其自乱。行军路上,郭淮问孙礼:"司马懿、孔明谁强?"孙礼回答说:"诸葛亮大大胜过司马懿!"郭淮接着说:"诸葛亮虽高明,司马懿这一计却有过人之智。蜀兵如果正在打武都、阳平,我们抄到他们后边,岂不是不打自乱了么?"二人正在谈论,忽然哨马来报:武都、阳平已被蜀兵占领。郭、孙得知,刚要退后,蜀军已到,喊杀连天。两军交锋,魏兵大败,郭、孙二人弃马爬山逃脱。

郭、孙失败后,司马懿又唤张郃、戴陵各引精兵一万,趁孔明去安抚武都、阳平百姓不在营中之时去夺蜀寨。司马懿的打算早已在诸葛亮预料之中,张、戴未战即被蜀兵包围。诸葛亮在祁山上大喊:"戴陵、张郃,

第六章 忤合

你们二人乃无名小将,我不杀你们,赶快下马投降!"张郃闻言大怒,指着诸葛亮骂道:"汝乃山野村夫,侵吾大国境界,如何敢发此言!吾若捉着汝时,碎尸万段!"说罢,纵马挺枪来战蜀兵。诸葛亮早有准备,张郃、戴陵战败而去。

司马懿连战皆败,半月不敢再战。诸葛亮见司马懿不出战,想出了一个办法,便叫各处都拔寨而回。魏军得知,张郃便要去追,司马懿不同意。后来魏军多次报告,都说诸葛亮接连后撤,司马懿不相信,他亲自去看,果见蜀兵后撤。司马懿回营后对张郃说:此是诸葛亮的计策,不可追赶。张郃说:"诸葛亮用缓兵之计,渐退汉中,都督何故怀疑,不早退之郃愿往决一战!"经张郃一再请求,司马懿乃驱兵追赶,结果又中了诸葛亮的计策,魏军大败。

一五、尉遏迥妙算萧纪

侯景渡过长江南下叛乱,当时梁元帝正镇守江陵,他因为梁的内乱正多,就和北周方面达成友邻和好。梁元帝的弟弟武陵工萧纪,在四川称皇帝号,率领军队向

鬼谷子

东方开来,将要攻打他。

梁元帝非常害怕,于是送信给北周方面请求援救,又请求北周攻打四川。宇文泰说:"我们可以设法取得四川了。取得四川控制梁朝,就在这次行动。"于是和众公们开会讨论,诸将中有很多人有不同的看法。只有尉迟迥认为萧纪已经把所有的精锐部队都带走去东方了,四川一定会空虚,北周的军队去四川,一定只有出征没有战斗。宇文泰非常同意尉迟迥的看法,对尉迟迥说:"攻打四川的事,就一切都委付给你,你打算用什么方法?"尉迟迥说:"四川和中原地区隔绝了有一百多年,四川方面依仗有山川险阻,不会意料到我们的军队到来。应该使用精锐部队,乘星夜袭击他们。在平坦的道路上我们就要加倍赶路,在险峻的道路上我们就让军队缓慢逐渐地前进,乘四川方面没有意料到的时候出现,冲击他们要害的地方。四川人对我军迅速到来非常惊骇,一定会望风放弃守卫。"于是宇文泰就命令尉迟迥督率开府元珍、乙弗亚、俟吕陵始、叱奴兴、綦连雄、宇文升等六军,一万二千多披甲士兵,一万匹马,攻打四川。尉迟迥率军于西魏废帝二年(551)春,从大散关出发,经固道、白马,去晋寿,修整平林旧路。

第六章 忤合

当先头部队临近剑阁,萧纪的安州刺史乐广,首先献州城投降。萧纪的梁州刺史杨乾运当时正镇守渲州,又投降。六月,尉迟烟率军来到渲州,用酒肉重重犒劳将士,然后率军向西。萧纪的益州刺史萧不敢出战,就环城守卫。尉迟迥率军把城包围。起初,萧纪来到巴郡,听到尉迟迥来侵犯,就派遣谯淹率军返回,作萧的外援。尉迟迥分别派遣元珍、乙弗亚等率领轻骑兵击败谯淹的援军,于是谯淹投降。萧前后出战几十次,都被尉迟迥打败。萧就和萧纪的儿子宜都王萧肃,以及文武官员,到尉迟迥的军营门前请求会面,尉迟迥按照应有的礼节接待他们。对萧纪的官吏,尉迟迥各让他们恢复了原来的工作。只收缴奴仆以及仓库存储的财物,把他们奖赏给将士。

  尉迟迥的号令严明,军队中没有人私自收藏财物。西魏废帝下诏书任命尉迟迎为大都督、益潼等十八州诸军事、益州刺史。因为尉迟迥平四川有功,封他的一个儿子为公。西魏政府又授权尉迟迥,在剑阁以南的地方,可以秉承皇帝旨意提升和撤换官员。尉迟彻于是修明赏罚的标准,公布恩威的尺度,安抚新归附的领域,筹划治理未归附的地区,人民都亲近归附他。

鬼谷子

一六、节度使乘虚直入

安史之乱后,唐王朝的统治大大削弱,各地藩镇兴起,各自为政。淮西节度使吴元济盘踞蔡州,烧杀抢掠,无所不为,闹得民众困苦不堪。唐王朝虽然多次派兵讨伐,但仍然平定不下来。宪宗元和十年十二月,唐王朝又派李愬前往讨伐。

李愬到蔡州后,故意放风声说:"我是来安抚蔡州军民的,不是来打仗的。"以此麻痹乱军,使他们放松警惕,同时,李愬又积极前往慰问降兵降将,了解吴元济军中的情况。有一天李愬和降将李愬一起聊天,谈到了吴元济军中情况,李愬对李愬说:"蔡州精兵全在洄曲及四境拒守,"守州城者皆羸弱老兵,可乘虚直抵其城"。"李愬听了,非常高兴,觉得这个计策可以实行。李愬作好了进攻的准备,选大雪纷飞的夜晚,带领人马,飞奔蔡州,突然袭击。李愬之军进入城内,竟没有人觉察。凌晨时分,李愬潜入吴元济宅外,吴元济还在熟睡之中。李愬命令下属攻打牙城,夺取武库,烧其南门,百姓争先恐后地前来帮忙。全面进攻一开始,城头上箭如雨下，杀声震天，到申牌时分，吴元济自知无力抵抗，便上城请求归降。

一七、李瑗与王诜谋反

李建成想要对李世民下手，在外与庐江王李瑗结交。李建成被杀之后，李世民派通事舍人崔敦礼到幽州召李瑗入朝，李瑗表现出很害怕。帮助他处理军务的右领军将军王君廓向来阴险毒辣，想乘机让李瑗陷入与李世民为敌的境地而后自己求功，于是欺哄李瑗说："京都发生了变故，事情的发展还不知怎样。大王您是国家的亲属，受命坐镇一方，怎能拥兵数万而听从一个使者的召使呢？况且听说赵郡王早先已被拘留了，现在又说太子和齐王得到这样的下场，大王现在还要去，能够保护好自己吗？"与李瑗一起抱头痛哭。李瑗于是把崔敦礼囚禁了起来，起兵造反。李瑗召来北燕州刺史王诜，想要与他一起商讨计策，兵曹参军王利涉劝李瑗说："大王你不奉诏而擅自发兵，这是造反。应当改变法度，权宜应变，首先安定人心。现在假如各州刺史有的不接受您的命令，您征集不了兵力，又怎么能够保全呢？"

鬼谷子

李爱说：“怎么办呢？”王利涉说：“山东这块地方，早先都跟从窦建德，当地的土豪首领，当年都是窦建德政权的官，现在都被削夺了，成了平民百姓，这些人都想乱，就象久旱的庄稼等待下雨一样。大王应当派遣使臣去恢复他们过去的官职，让他们在所在的地区招募本地的人当兵，各州如果有不听大王指挥的，就任他们随便屠杀。如果按此计划进行，河北地区可在呼吸之间就安定下来。然后分派王洗向北联合突厥，取道太原，向南逼进蒲州、绛州；大王带领部队亲自开赴洛阳，西人潼关。两军互相呼应，不用十天一月之间，天下就可平定了。”李援听从了他。

　　李援将内外机密事务都交给了王君廓。王利涉觉得王君廓多次反复，又劝说李援把军务交给王诜，陈掉王君廓，李援一时难下决心。王君廓得知后，迅速斩杀了王诜拿着他的首级告诫其部下说："李援与王诜一起谋反，囚禁朝廷派来的使节，擅自集结大军。现在王洗已被杀了，只有李暖还在，他是没有什么作为的。你们如果跟随他，最终也要被灭族；随我去消灭他，立刻就能得到富贵。祸福就是如此，你们的心意想要跟从谁呢？"众人说："都愿意去讨伐叛贼。"王君廓带领部下登上城

墙西面，李瑗尚未发觉。王君廓亲自带着一千多人先到狱中去释放了崔敦礼，李瑗才开始发觉。立刻率领几百人披上战袍，才走到门外，就遇上了王君廓。王君廓对他的部下们说："李瑗作逆谋反，致使你们误入歧途，为什么还跟着他，自取灭亡。"李瑗的部众听了都倒戈，很快逃散了。李瑗孤零零地呆在那里，对王君廓说："你这个小人出卖我而自己去求荣，你也一定没有好下场。"王君廓抓获了李瑗，绞死了他，李瑗年四十一岁，首级被传至京师，并废除了他作为皇族的户籍。

一八、李世民勇胜宋金刚

公元619年，晋北割据势力刘武周率军攻克并州，其部将宋金刚又率部攻陷晋州，夺取龙门，进逼浍州。唐高祖李渊闻讯，立即命令李世民统领关中的所有人马，渡过黄河，在柏壁一带同宋金刚的人马相对峙。

唐军的清将都请求立即同宋金刚决一死战，李世民却认为，宋金刚军精兵猛将云集，目前士气正旺。但他们是孤军深入，补给困难，军用辎重全靠就地抢掠。如果立即同宋金刚决战，反而正中他的下怀。因此李世民

 鬼谷子

主张先养精蓄锐,不急于出战,使敌人的锋芒受挫。此外,分出一部分唐军去进攻敌人的腹地汾、隰两县。这样的话,宋金刚不出多久便会因为粮草殆尽、腹地受攻而撤军,到那时候再进攻,必然收到很好的效果。

第二年4月,宋金刚果然被迫撤军。李世民见时机已到,立即指挥唐军追击。追到高壁岭时,总管刘弘基劝李世民说:"您率领大军追击敌人,到了这里,已经可算立了大功了。现在士兵们已经很疲劳,应当就地休息整顿,等粮草集结好,然后再继续追击敌人也来得及。"李世民说:"功业难于建立,却容易丢弃,良机难于得到,却容易失去。如今宋金刚被迫逃走,军心涣散,我们应当乘此良机击溃敌人。如果停止追击,宋金刚有了喘息整顿的机会,就会重新制定计谋,做好充分准备,"那时就无法顺利进攻了。"唐军于是继续追敌。

唐军在雀鼠谷终于追上了宋金刚军。李世民指挥唐军勇猛杀敌,将来金刚军杀得一败涂地。刘武周、宋金刚在兵败后,都逃往突厥那里去了。李世民已有两天没沾食了。唐军的粮草也已基本上用光,军中只剩下一只羊,李世便同士兵们一起分而食之。

第六章 忤合

一九、李世民大败薛家军

唐高祖李渊在建立唐王朝后,为巩固关中之地,决定先派兵讨伐割据西北一带的薛举、薛仁果父子。

公元618年7月,唐军进攻薛举,但在浅水原被打败。薛举想乘胜追击,一举攻克长安,却病死在路上,其子薛仁果继位为"秦帝",驻军于折墌。

11月,李世民统帅唐军再次出击薛仁果;在高墌遭遇了薛仁果部将宗罗睺率领的10万大军。宗罗睺屡次挑战,李世民却坚壁不出。唐军将领纷纷请战,李世民不允,他认为唐军7月在浅水原曾吃了败仗,目前士气不旺;而敌人却是依仗胜利而骄横,很轻视唐军,所以唐军最好闭垒不出战,待敌人骄横过度,再奋起击之,可一举得胜。

两军对峙了60多日,薛军粮草殆已尽,其将梁胡郎投降"了唐军。李世民派部将梁实率一支人马驻在浅水原,以便诱敌出战。宗罗睺果然率精兵前来攻击,而梁实据险而守,不予迎击,以挫敌人锋芒。宗罗睺军中缺水,人马乏饮已经好些日子,所以急于进攻,意欲速

 鬼谷子

战速决。李世同认为时机已到，便令右武侯大将军庞玉在浅水原南面列阵吸引薛军兵力，李世民则亲率主力部队自浅水原北面直捣薛军后方：宗罗眼引兵回战，唐军里外夹击，李世民率精骑数十人冲陷敌阵，霎时喊声动地，宗罗睺所部溃不成军。伤亡数千人。李世民又乘胜率领两千骑兵追击。薛仁果在城下设阵，但薛军已如强弩之末，一些将领纷纷降唐。薛仁果被围困数日，被迫投降李世民。

二〇、秦桧陷害岳飞

宋军正要渡河，乘胜追击，却受到宰相秦桧的阻挠。秦桧鼓动宋高宗与金人议和，并以宋军立即撤军作为议和的条件。岳飞知道后上书朝廷说："金人的锐气已经丧尽，辎重已全部抛弃，正迅速渡河向北逃窜；各地的豪杰纷纷来归，将士们士气高涨，奋勇杀敌。我大宋收复失地，重振雄威，正是时不再来，机难轻失。"

秦桧深知岳飞的抗金志向不可能改变，就先将韩世忠等另外几路大军的统帅调回，然后说岳飞孤军不可久留，必须赶快班师。高宗为此一天之内竟向岳飞连续发

第六章 忤合

出十二道金牌。岳飞悲愤地叹息道："十年努力,毁于一旦!"

当时兀术正想逃离汴梁,但有个人拉住他的马缰说:"太子不要走,岳少保('少保'是岳飞的官衔)就要退兵啦。"

兀术不信,说:"岳飞以五百骑兵打败我五十万大军,现在正乘胜打过来,汴梁怎能守住?"

那人回答说:"自古以来,朝中有奸臣掌权,大将就不可能在外立功。岳少保自己性命还难保,怎谈得上成功呢!"兀术这才恍然大悟,决定留在汴梁,等待时机。

这人说的奸臣就是秦桧。

秦桧原是北宋的大臣。徽、钦二帝被金兵抓到北方时,秦桧和他的妻子王氏也一起被俘。秦桧为人阴险,善于见风使舵,金太宗就派他在其弟挞懒部下做官。后来挞懒率领部队南侵,秦桧夫妻和婢女仆人居然"逃离"金军,赶到越州宋高宗的行宫。大臣们多怀疑他为金人的内奸,但宰相范宗尹与他素来有交情,便向高宗极力推荐。

宋高宗正想与金人议和,因此与秦桧一拍即合,立

刻任命他为礼部尚书，不久又升任他为宰相兼枢密使。秦桧掌握了南宋王朝军政大权以后，便一心要同金人议和，把坚决抗金的岳飞看成心腹大患。他看到岳飞北伐即将成功，便大耍阴谋，百般破坏，假传圣旨命令岳飞停止追歼金兵。

秦桧将韩世忠、岳飞召回京城后，就让宋高宗封韩世忠为枢密使，岳飞为副枢密使，名义上是升了官，实际上是夺了他们的兵权。完颜兀术见状，便送密信给秦桧，说："你朝夕向我大金求和，但岳飞却天天想用武力夺我中原。你一定要杀掉岳飞，我们才会同意议和。"秦桧也怕岳飞活着，自己最终没有好下场，于是就下决心要杀害岳飞。

右谏大夫万俟卨原来就忌恨岳飞，曾向秦桧说过岳飞许多坏话。秦桧就任命他做言官。万俟心领神会，立即向朝廷诬告岳飞，罗织了岳飞在金人进攻淮西时，拥兵不救，还要放弃山阳等等许多罪名。他们又唆使何铸、罗汝楫等官员先后上书弹劾。岳飞见群奸联手攻他，便连续上书请求辞职。

不久，岳飞改任两镇节度使。但秦桧还不肯罢休，他知道大将张俊与岳飞不和，就煽动张俊诬告岳飞的部

第六章　忤合

将张宪阴谋兵变，策划归还岳飞兵权。宋高宗一听岳飞有兵变的危险，十分震怒。秦桧乘机将岳飞和他的儿子岳云、部将张宪抓进监狱。岳飞见使者来抓他，很坦然地笑笑说："皇天后土，可表此心。"这时是公元1141年十月。

秦桧先命御史中丞何铸审讯。但何铸并未查出岳飞的罪证，让秦桧非常恼怒，就改命万俟负责审问。万俟也找不到岳飞的任何罪证，便捏造事实，谎称岳飞和岳云曾给张宪写信，张宪才用虚报军情的办法，促使朝廷恢复岳飞的兵权。他们又迫使岳飞的部将孙革等作证，诬陷岳飞。

直到年底，秦桧一伙绞尽脑汁，罗织罪名，也无法将岳飞定案。大理寺丞李若朴、何产犹，大理卿薛仁辅都认为岳飞无罪，但他们都被秦桧贬到外地去了。平民刘允生上书为岳飞伸冤，竟被处死。

韩世忠对岳飞案也抱不平，当面责问秦桧。秦桧无法回答，竟说："岳飞和岳云写给张宪的信这件事，虽弄不清，但莫须有。"

韩世忠气愤地回答："莫须有三个字怎能使天下人心服！"

鬼谷子

岁末那天，雪花纷飞。秦桧夫妻在东窗下取暖喝酒。秦桧一心要置岳飞于死地，但没有证据，怕引起公愤，因此心事重重。秦妻王氏便冷笑说："缚虎容易放虎难。"秦桧这才下了决心，马上写了一张小纸条，命人将岳飞秘密杀害于狱中。岳云、张宪同时被害。奸臣夫妻，酿下了这起千古奇冤。

岳飞的冤狱，在宋高宗死后，才得到平反昭雪。岳飞成为千古传颂的英雄，人们在杭州的西湖边修造了岳坟、岳庙，永远纪念他。在岳飞墓前，人们又用生铁浇铸了秦桧、王氏、万俟、张俊的跪像，他们永远遭人唾骂，真正遗臭万年。